Social Audio • Michael Ehlers

MICHAEL EHLERS

SOCIAL AUDIO

Willkommen am digitalen Lagerfeuer

Wie Sie die neuen Sprachfunktionen
in sozialen Netzwerken erfolgreich für sich
und Ihr Geschäft nutzen können

Copyright 2022:
© Börsenmedien AG, Kulmbach

Gestaltung Cover: Daniela Freitag
Gestaltung, Satz und Herstellung: Timo Boethelt
Vorlektorat: Karla Seedorf
Korrektorat: Dagmar Schlierf
Druck: GGP Media GmbH, Pößneck

ISBN 978-3-86470-886-2

Alle Rechte der Verbreitung, auch die des auszugsweisen Nachdrucks,
der fotomechanischen Wiedergabe und der Verwertung durch Datenbanken
oder ähnliche Einrichtungen vorbehalten.

Bibliografische Information der Deutschen Nationalbibliothek:
Die Deutsche Nationalbibliothek verzeichnet diese Publikation in der
Deutschen Nationalbibliografie; detaillierte bibliografische Daten
sind im Internet über <http://dnb.d-nb.de> abrufbar.

BÖRSEN MEDIEN
AKTIENGESELLSCHAFT

Postfach 1449 • 95305 Kulmbach
Tel: +49 9221 9051-0 • Fax: +49 9221 9051-4444
E-Mail: buecher@boersenmedien.de
www.books4success.de
www.facebook.com/plassenverlag
www.instagram.com/plassen_buchverlage

Inhalt

Vorwort von Céline Flores Willers   9

Teil 1 – Das Feuer
Am digitalen Lagerfeuer   15
Warum die Entscheidung für dieses Buch richtig war!   18
Was ist Social Audio?   20
Die Macht des Gesprochenen   24
Social Audio für alle – überall   28
Das richtige Equipment   29

Teil 2 – Die Plattformen
Clubhouse   35
Exkurs: 7 einfache Wege, um eine unwiderstehliche Headline zu entwickeln   56
Exkurs: Da war doch was mit Datenschutz   65
Twitter Spaces   68
LinkedIn Audio   76

Teil 3 – Tipps für Ihren Talk
So werden Sie ein besserer Moderator   87
Wenn etwas aus dem Ruder läuft   93
Redeangst und Lampenfieber   95
Bewährte Atemtechnik für besseren Klang   100
Lautstärke und Modulation   103
Was Ihre Stimme verrät   105

Pausen richtig setzen	107
Mit einer Einleitung fesseln	110
Exkurs: 6 + 1 Einleitungsarten, mit denen Sie Ihr Publikum fesseln werden	114
Vorbereitungstexte aufbereiten	116
SHIT in Social Audio: Keine Angst vor Idioten – Gastbeitrag von Dr. Frederik Hümmeke	117

Teil 4 – Social Audio und Business

Werbung auf Clubhouse, LinkedIn und Twitter	138
Branded Talks	139
Wertorientierte Werbung	140
Was Sie brauchen, sind gute, frische Ideen	144
Nutzen Sie aktuelle Themen	150
In wenigen Schritten zu einem Redaktionsplan	152
Content Creator Economy	155
Community Building	158
Markenaufbau	160
Suche nach potenziellen Kandidaten und Unternehmern	162
Ideen- und Investorensuche	163
Gadget über App	165
Was noch?	168
Best Practice	169

Endnoten   175

VORWORT VON CÉLINE FLORES WILLERS

Social Media begleitet mich schon gefühlt mein ganzes Leben lang. Über Instagram halte ich meine Freunde und Community up to date und nehme sie mit durch meinen Alltag, über LinkedIn pflege ich meine beruflichen Kontakte und mittlerweile habe ich sogar eine Firma gegründet, um Menschen zu mehr Sichtbarkeit in der Onlinewelt zu verhelfen.

Als ich anlässlich des Buches von Michael recherchiert habe, wie und wann Social Media eigentlich Massenmedium wurde, war ich dann doch erstaunt: Facebook präsentierte den allerersten und heute nicht mehr wegzudenkenden „Newsfeed" erst 2006. Das ist gefühlt gar nicht so lange her. Dann, ein Jahr später, wurde das erste iPhone gelauncht. Erst diese Kombination von mobilem Endgerät und sozialem Netzwerk konnte in meinen Augen die Welt verändern. Erst das Mobile Social Media schaffte es mit uns in den Bus und bis ins Bett – wurde unser ständiger Begleiter.

Ich lebe davon, Menschen Social Media beizubringen. Ihnen zu zeigen, wie sie soziale Netzwerke nutzen, um neue Mitarbeiter und Kunden zu gewinnen. Dazu ist es für mein Team von The People Branding Company und mich essenziell, die verschiedenen Social-Media-Plattformen in all ihren Facetten zu durchleuchten, zu adaptieren und unser Wissen ständig auf den Prüfstand zu stellen. Um unsere Kunden bestmöglich zu beraten, müssen auch wir unsere Arbeit immer wieder neu erfinden. Social Audio zu verstehen gehört selbstverständlich mit dazu!

Als Michael 2013 das Buch „Kommunikationsrevolution Social Media" herausbrachte, gab es noch kein Snapchat, kein TikTok und das Metaverse war eine abgehobene Techie-Vision, eine Vision übrigens, die Michael fünf Jahre später in „Rhetorik – die Kunst der Rede im digitalen Zeitalter" bereits mitdenkt. Und hier sind wir wieder: die Kunst der Rede im digitalen Zeitalter. Im Zeitalter von Social Audio wird die ursprünglichste Form der Kommunikation wieder relevant. Reden, miteinander sprechen, in den Dialog treten ... wir werden wieder viel mehr miteinander sprechen und hoffentlich auch zuhören. Wenn wir Michael Ehlers zuhören, hören wir einen echten Experten. Ich finde, unsere Welt kann das gebrauchen.

Viel Spaß beim Lesen!

Céline Flores Willers

1
Das Feuer

AM DIGITALEN LAGERFEUER

Die Idee zu diesem Buch entstand bereits im Frühjahr 2020. Damals begeisterte mich vor allem die erste Social-Audio-App Clubhouse, auf der ich bis heute unzählige Stunden verbracht habe.

Der Clubhouse-Hype gab einen Vorgeschmack auf das, was da kommen könnte: das Zeitalter von Social Audio. Ein Zeitalter, in dem das gesprochene Wort die Bilder verdrängt. Aber stimmt das? Im Gegenteil, die Bilder verschwinden nicht. Jedoch entstehen sie jetzt im Kopf des Zuhörers. Als Rhetoriktrainer bin ich von der Wirkung von Sprache überzeugt. Sprache ist unser wirkmächtigstes Werkzeug.

Wie das Leben so spielt, blieb das fast fertige Manuskript zu diesem Buch zunächst liegen. Die weltweite Coronapandemie verschob die Prioritäten komplett: Für Selbstständige wie mich hieß es zunächst, das eigene Business zu retten. Wichtiger als zu theoretisieren war nun das ganz praktische Tun. Das Buch rückte in den Hintergrund. Aber es verschwand nie ganz aus meinem Blick. Das wäre bei diesem Thema auch gar nicht möglich gewesen, zu groß war zum einen die Begeisterung über die Möglichkeiten meiner neuen Lieblings-App. Und zu groß war die Bedeutung des gesamten Themas.

Bereits in den ersten Entwürfen des Buches, das sich zu diesem Zeitpunkt naturgemäß stark auf die Clubhouse-App konzentrierte, warfen meine Mitstreiter und ich einen Blick voraus auf die bereits am Horizont sichtbar werdenden Mitbewerber, insbesondere die damals noch belächelten oder beargwöhnten Spaces – die Audio-Abteilung von Twitter. Die App mit dem kleinen Vogel als Icon ist ein besonderes Netzwerk. Zwar hat es nicht die allermeisten Nutzer – und wie alle bekannten Netzwerke läuft es aktuell Gefahr, „telegramisiert" zu werden –, aber es ist eines der einflussreichsten Netzwerke überhaupt. 24,6 Prozent der verifizierten Accounts sind von Journalisten. 83 Prozent der Weltführer – seit Februar 2022 gehört auch der amtierende Bundeskanzler zum erlauchten Kreis – sind auf Twitter aktiv. Bei dieser Zusammensetzung ist es kein Wunder, dass keine Diskussion zu abwegig wäre, als dass sie nicht über Twitter früher oder später den Weg in die Massenmedien finden würde. Auf der anderen Seite wird das, was in den Massenmedien passiert, auf Twitter überaus kritisch beobachtet und kommentiert. Diese Kritik findet wiederum ihren Weg in die mediale Öffentlichkeit ... und so weiter. Wenn dieses Medium auf Social Audio setzt, ist garantiert, dass das, was dort in den Spaces im wahrsten Sinne des Wortes besprochen wird, seinen Niederschlag finden wird.

Jetzt setzt das nächste große Netzwerk auf Social Audio: LinkedIn Audio. Im Frühjahr 2022 – also fast zwei Jahre nach den ersten Grundlagenkapiteln – kündigte LinkedIn an, Audio-Features anbieten zu wollen. Und spätestens diese Ankündigung, dass das größte dezidierte Business-Netzwerk der Welt, mit über 660 Millionen Anwendern in 193 Ländern und Regionen, auf Social Audio setzen würde, entzündete das Feuer neu. Aus dem digitalen Lagerfeuer Clubhouse wird spätestens jetzt ein digitaler Flächenbrand, an dem niemand mehr vorbeikommen wird, der eine Botschaft hat.

Folgen Sie mir nun ans erste digitale Lagerfeuer.

Clubhouse ist eine audiobasierte Social-Network-App, die 2020 vom Softwareunternehmen Alpha Exploration Co. veröffentlicht wurde. Clubhouse wurde von dem Stanford-Absolventen und ehemaligen Pinterest-Mitarbeiter Paul Davison sowie dem ehemaligen Google-Mitarbeiter Rohan Seth gegründet. Die App ist seit Frühjahr 2020 erhältlich und hatte im Dezember 2020 bereits 600.000 Nutzer. Zu diesem Zeitpunkt wurde das Unternehmen schon mit knapp 100 Millionen US-Dollar bewertet. Auf den ersten Blick mag der große Erfolg verwundern: Schließlich können wir heute Videos in 8K aufnehmen und Apps wie Instagram und TikTok haben unzählige monatliche Nutzer.

Der zweite Blick macht klar, warum Social Audio allgemein so fasziniert. Denn ob es den beiden Clubhouse-Gründern und ihrem Team bewusst war oder nicht: Sie schufen im Jahr 2020 eine soziale Plattform, die uns auf unser ursprüngliches Menschsein zurückwirft. Social Audio setzt auf ein zentrales Merkmal unseres Menschseins: die Sprache!

Die Sprache ist es, die uns von den Tieren unterscheidet. Sie gibt uns die Möglichkeit, uns auszudrücken und die zentrale Herausforderung unseres Lebens zu bestehen: die soziale Interaktion mit anderen Menschen und in sozialen Bezügen fester Gruppen. Sprache ermöglicht es uns, Geschichten zu erzählen, Wissen weiterzugeben, unsere Gedanken und Ideen mitzuteilen.

Davison und Seth schufen mit Clubhouse erstmals ein digitales Lagerfeuer, um das sich die Menschen versammeln, so wie sie sich seit Urzeiten ums Feuer versammelt haben, um Geschichten zu lauschen, sich Wissen anzueignen und soziale Bindungen aufzubauen oder zu festigen.

Um genau zu sein, schufen Davison und Seth Tausende Lagerfeuer. Und sie ermöglichten den Menschen, ihr eigenes Lagerfeuer zu entzünden und andere Menschen an dieses Feuer einzuladen, zuzuhören und zu sprechen.

Es erforderte sicher Mut, erstmals im Kreis der Alten zu sprechen. Ein Mensch musste dazu nicht nur die ungeschriebenen Regeln der Gemeinschaft kennen, er musste sich auch exponieren. Wenn er seine Stimme erhebt und sagt, was er zu sagen hat, dann sind die Augen seiner Mitmenschen auf ihn gerichtet. Und so ist es auch in Clubhouse. Das ist etwas ganz anderes, als aus der Anonymität heraus einen gehässigen oder verleumderischen Kommentar zu posten. Clubhouse macht sichtbar. Auch diejenigen, die unangenehm, die böse sind. Und gleichzeitig filtert die App diejenigen heraus, die nichts zu sagen haben. Das Feedback ist unmittelbar.

In dieser App – und auch wenn Sie die anderen beschriebenen Social-Audio-Funktionen nutzen – zählt nicht mehr, was Sie haben oder wie Sie aussehen, sondern das, was Sie wissen und was Sie können. Und welches Wissen Sie wie weitergeben können.

WARUM DIE ENTSCHEIDUNG FÜR DIESES BUCH RICHTIG WAR!

Als wir die ersten Zeilen für dieses Buch schrieben, war die Frage, ob es sich um einen schnell wieder abflauenden Hype handelt oder ob die App gekommen war, um zu bleiben, noch offen. Ich war schon damals davon überzeugt, dass dieses Netzwerk nicht nur dauerhaft erfolgreich sein wird, sondern als prototypischer Drop-in-Audiochat das Zeug hat, die sozialen Medien dauerhaft zu verändern und der Grundstein für eine ganz neue Art der Kommunikation und des Netzwerkens im Internet zu werden. Ich darf mit Stolz sagen, dass mir die aktuelle Entwicklung recht gibt.

Die Entscheidung, sich auf professioneller Ebene mit Social Audio zu beschäftigen, ist die richtige. Dieses Buch wird Ihnen helfen, sich schnell in dieser neuen Welt zurechtzufinden und auf professioneller Ebene Erfolg mit Social Audio zu haben. Es ist in drei Teile gegliedert.

1 Im ersten Teil lernen Sie die Netzwerke Clubhouse, Twitter, LinkedIn und ihre Audio-Funktionalitäten kennen. Ich verzichte dabei weitgehend auf technische Anleitungen. Ich vertraue Ihnen, dass sie Ihren Weg durch die Apps finden werden. Wichtiger ist mir, dass Sie die grundlegenden Prinzipien verstehen und ein Gefühl dafür bekommen, was auf welcher Plattform am besten funktioniert und welche Plattform für Ihre Ziele am geeignetsten ist. Inzwischen gibt es wohl über 50 Social-Audio-Apps. Es wird Ihnen – und mir – unmöglich sein, alle Apps und Plattformen gleichzeitig und mit dem nötigen Fokus zu bespielen. Das ist der Grund, warum ich mich auf die hier genannten drei Plattformen konzentriere.

2 Im zweiten Teil zeige ich Ihnen, wie Sie Ihre rhetorische Wirkung in diesem komplett audiobasierten Medium verbessern. Die meisten dieser Rhetorik-Hacks stammen aus meinem Buch „Rhetorik – Die Kunst der Rede im digitalen Zeitalter" und wurden für dieses Buch überarbeitet und gestrafft. Alles, was Sie in diesem Teil lernen, können Sie für sämtliche Social-Audio-Formate nutzen. Und natürlich auch im Gespräch. Ja, in einem echten Gespräch mit echten Menschen, die mit Ihnen sogar in einem Raum sitzen.

3 Im dritten Teil zeige ich Ihnen, wie Sie Social Audio als Marketinginstrument mit Sogwirkung nutzen. Hier ist es wichtig zu verstehen, dass Sie neben dem passenden Content und einer Strategie vor allem weitere Touchpoints benötigen. Insofern sollen Ihnen diese Zeilen bereits als Warnung dienen. Wenn Sie Social Audio ernsthaft – für Ihr Geschäft – nutzen wollen, benötigen Sie mehr als eine angenehme Stimme.

Leider (beziehungsweise eigentlich eher zum Glück) ist es immer noch so, wie es bereits im Frühjahr vor zwei Jahren war. Die Entwicklung der Apps bleibt nicht stehen. Nahezu wöchentlich gibt es neue Features. Informationen, die zu Beginn des Schreibprozesses noch aktuell waren, wurden im Laufe der Arbeitswochen teils mehrfach über den Haufen geworfen. Wir haben deshalb bis zum letzten Tag gearbeitet, um dieses Kompendium so aktuell wie möglich zu halten. Verzeihen Sie uns trotzdem, wenn das eine oder andere Feature der App, das wir vielleicht insbesondere im Grundlagenteil vorstellen, sich im Zeitraum zwischen Erstellung und Veröffentlichung schon wieder geändert haben sollte.

Was in jedem Falle seine Richtigkeit behält, sind die grundlegenden Prinzipien, nach denen Social Audio funktioniert. Übrigens: Unser Gehör ist bereits in der 18. Schwangerschaftswoche ausgebildet. Und damit weit vor unseren Augen. Stimmen sind somit einige der ersten Eindrücke, die uns ins Leben begleiten. Und: Bereits Neugeborene reagieren besonders auf Sprache im Vergleich zu anderen Lauten und Geräuschen. Studien konnten zeigen, dass Neugeborene eine höhere Gehirnaktivität beim Hören von gesprochenen Wörtern aufweisen. Auch das ist ein Grund, warum Social Audio so gut funktioniert und uns so vertraut erscheint.

WAS IST SOCIAL AUDIO?

Bis vor Kurzem stellten die vorherrschenden Social-Media-Plattformen – wie Facebook, Twitter, Instagram, TikTok, Twitch und Snapchat – hauptsächlich Bilder, Videos und Text in den Fokus. Audio-Inhalte waren ein Nebenaspekt, der die visuellen Inhalte ergänzen sollte, anstatt für sich selbst zu stehen. Beispielsweise unterlegen Sie Ihre Insta-Storys mit der passenden Musik, um sie noch eindrucksvoller und aussagekräftiger zu machen.

Aber jetzt treten die Audio-Inhalte selbst ins Rampenlicht.

- Sie betreten einen Social-Audio-Raum und hören anderen Menschen zu, die über ein aktuelles Thema diskutieren.
- Sie nehmen sich selbst auf, um eine Geschichte über Ihren Tag zu erzählen, und teilen sie – vielleicht über WhatsApp – mit einem Freund.

- Sie wählen einen Ausschnitt aus Ihrem Lieblingspodcast aus und posten ihn in Ihrem Feed. Vielleicht produzieren Sie sogar selbst einen Podcast.
- Audioplattformen wie SoundCloud ermöglichen es Nutzern, Zeitstempel an Tracks zu setzen und Kommentare zu hinterlassen.

Social Audio ist also mehr als Clubhouse und Co. Social Audio umfasst alle digitalen Kanäle, die es Ihnen ermöglichen, kraft des Klangs Ihrer Stimme mit anderen Menschen in Kontakt zu treten. Aus dieser Sicht ist auch ein Telefongespräch Social Audio. Und diese Sicht macht klar, dass wir uns auf eine Auswahl von Kanälen konzentrieren müssen. Apropos konzentrieren: Viele Experten sind überzeugt, dass unser nicht zuletzt durch die Coronapandemie verändertes Arbeitsleben viel mit dem Aufstieg von Social Audio zu tun hat. Menschen nutzen sowieso in immer stärkerem Maß soziale Medien, um mit Freunden und Familienmitgliedern in Kontakt zu bleiben. Unsere Lebenswelt ist so – ob Sie das gutheißen oder nicht. Wenn Sie heute einem Teenie das Mobiltelefon wegnehmen, treiben Sie diesen jungen Menschen in die soziale Isolation.

Aber gleichzeitig sind viele Nutzer es leid, lange Zeit auf ihren Bildschirm zu starren. Und wenn Sie in einer Position arbeiten, in der Sie hauptsächlich dafür bezahlt werden, Prozesse zu moderieren und Entscheidungen zu treffen, dann kann das bedeuten, dass Ihr ganzer Arbeitstag aus nichts anderem als aus Videocalls besteht. Das nervt und ermüdet. Sprachbasierte soziale Medien sind gegen diese Bildschirmmüdigkeit die ideale Lösung. Denn Zuhören ist im Gegensatz zum Zusehen eine Tätigkeit, die nebenbei erledigt werden kann. Der Analyst Jeremiah Owyang drückt es so aus, dass Social Audio „die Möglichkeit für soziale Vernetzung [...] ohne die Nachteile von Video bietet". Sie brauchen beispielsweise nicht an Ihrem Styling zu feilen oder an Ihrem Videohintergrund.

Die Begriffe „voice-based social media" (sprachbasierte soziale Medien) und „Social Audio" beziehen sich auf soziale Medien, die

Audio als primäres Kommunikationsmittel nutzen. Social Audio kann Live-Konversationsräume, Sprachnachrichten, Tools zur Erstellung und Bearbeitung von Audiodateien, Podcasts und vieles mehr umfassen.

Die unkomplizierte und bequeme Benutzererfahrung, die Social Audio bietet, ist ein Grund, warum viele Menschen Podcasts lieben. Inhalte lassen sich nämlich nebenbei konsumieren, bei der Hausarbeit, beim Autofahren, in Bus und Bahn. Im Gegensatz zu audiovisuellen Inhalten ist es noch nicht einmal nötig, das Device im Auge zu behalten.

Das Schöne und gleichzeitig aufregend Neue an Social Audio ist jedoch, dass es den bequemen Konsum von Audioinhalten um die Möglichkeit der Interaktion erweitert.

Social Audio hat also zwei Seiten: die Konsumentenseite und die kommunikative Seite. Sie können passiv konsumieren und Sie können aktiv kommunizieren. Ich gehe davon aus, dass Sie besonders am zweiten Aspekt interessiert sind. Denn niemand benötigt ein Buch, das ihm erklärt, wie er Radio hört.

Aktiv kommunizieren umfasst aus meiner Sicht noch einen weiteren Aspekt, nämlich die Interaktion. Sie wollen ja gerade mit Ihren Zuhörern in einen Dialog treten. Nur so schaffen Sie die nötige Bindung, nur so gelingt es Ihnen, eine Community aufzubauen. Und nur so nutzen Sie Social Audio als Touchpoint, um die Community auf Ihre weiterführenden Inhalte zu lenken.

Social Audio hat also drei Aspekte:

1 Konsum
2 Kommunikation
3 Interaktion

Zwar werden Sie als Neuling zunächst als Konsument starten, um ein Gefühl für die Funktionsweise und das jeweilige Publikum zu bekommen. Ich konzentriere mich aber im Folgenden insbesondere auf Kommunikation und Interaktion – gehe also davon aus, dass Sie aktiver Nutzer werden wollen.

Ich fokussiere mich dabei auf drei Plattformen, weil ich mich erstens dort am besten auskenne und diesen zweitens den größten Einfluss auf Ihr Business zutraue.

Noch eine Anmerkung zum Thema Business. Mein Ziel ist es nicht, Sie zu beraten, wie Sie Ihr Unternehmen gründen, welche Art von Produkten oder Dienstleistungen Sie anbieten sollten oder könnten. Ich gehe davon aus, dass diese Entscheidung längst getroffen ist und dass Sie wissen, was Sie zu verkaufen haben: eine Botschaft, ein Produkt, eine Dienstleistung, sich selbst. Social Audio steht dann am Anfang einer Customer Journey, an deren Ende vielleicht die Buchung eines Kurses steht oder die Bestellung eines Produkts. Das ist die eine Seite. Daneben gibt es noch eine weitere Methode, mit Ihrem Content Geld zu verdienen. Und auch diesem Punkt werden wir uns im dritten Teil des Buches widmen: der Creator Economy. In diesem Fall ist der Content Ihr Produkt.

Für Sie ist es wichtig, welchen Weg der Monetarisierung Ihres Contents Sie wählen, denn verschiedene Plattformen bieten verschiedene Möglichkeiten, Ihren Content direkt zu monetarisieren – also ohne auf Abonnements- oder Spendenbasis via Patreon oder Ähnliches zurückgreifen zu müssen.

An dieser Stelle begegnet uns ein zentraler Begriff von Social Media: Content. Content sind die Inhalte, die Sie vermitteln. Die Inhalte, mit denen Sie Interesse wecken und Ihr Publikum fesseln wollen. Sie können nämlich technisch und im Vortrag methodisch perfekt sein, wenn Sie jedoch, überspitzt ausgedrückt, nur das Datenblatt Ihres Produkts vorlesen, haben Sie spätestens beim zweiten Versuch gar kein Publikum mehr.

Auf der anderen Seite gibt es auf Clubhouse Räume, in denen außer Stille gar nichts passiert. Räume, in denen die Menschen einfach ohne Beschallung mal durchatmen können. Die Existenz dieser Räume ist eigentlich absurd. Denn wenn ich gerade mal nichts mehr hören will, könnte ich die App ja auch verlassen. Insofern dient uns die Existenz dieser Nicht-Räume als weiterer Beweis, wie hoch die Bindungskraft von Social Audio ist.

DIE MACHT DES GESPROCHENEN

Dass ich als Rhetorik-Trainer fest an die Macht der Sprache glaube, dürfte niemanden verwundern. Ich verdiene mein Geld damit. Und ich liebe es. Ich bin auch begeistert darüber, dass Social Audio die Sprache zurückbringt. Oder besser: dass gesprochene Sprache Social Media auf ein neues Level hebt.

Wenn Sie sich überlegen, was genau Sie mit der Nutzung von Social-Media-Plattformen erreichen wollen, dann landen wir schnell bei dem Begriff „Bindung". Wir wollen uns mit neuen Menschen verbinden oder bestehende Verbindungen festigen oder aufrechterhalten. Wir wollen – wenn wir keine hasserfüllten Internet-Trolle sind – von anderen Menschen positiv wahrgenommen werden. Wir wollen also eine positive Verbindung zu ihnen schaffen. Eine positive Verbindung zu einem anderen Menschen führt dazu, dass unsere eigenen Botschaften positiver aufgenommen werden. Mehr Einladungen zu Partys, mehr Besuche auf unserer Homepage, mehr Downloads, mehr Menschen, die uns mögen, mehr Buchungen: mehr Umsatz!

Sprache ist das ideale Werkzeug. Das beste, was uns in diesem Umfeld zur Verfügung steht. Stellen Sie sich folgendes Extrembeispiel vor: Ein geliebter Mensch stirbt. Was verspricht mehr Trost? Eine WhatsApp-Nachricht, eine Trauerkarte, ein Anruf oder ein persönlicher Besuch samt Umarmung? Natürlich der persönliche Besuch samt Umarmung. Berührungen lösen etwas aus: Wenn wir umarmt werden, schüttet der Körper Botenstoffe, sogenannte „Glückshormone", aus. Das Hormon Oxytocin etwa entfaltet eine beruhigende Wirkung, hilft beim Stressabbau und stärkt zwischenmenschliche Bindungen. Umarmungen sind über Social Media nur als geschriebener *Hug* möglich – also gar nicht. Vielleicht erinnern Sie sich aber auch noch ans „Gruscheln". „Gruscheln" ist ein Kofferwort aus den Worten „grüßen" und „kuscheln". „Gruscheln" war eine Funktion im deutschen sozialen Netzwerk StudiVZ, die dazu diente, andere Personen virtuell anzustupsen und damit auf sich aufmerksam zu machen.

Das Wort soll sich der Gründer von StudiVZ, Ehssan Dariani, ausgedacht haben.

Berührungen fallen aus. Also greifen wir auf die zweitbeste Möglichkeit zurück: das Gespräch. Lassen wir von uns hören und nutzen die Macht der Sprache.

Um wie viel wirksamer gesprochene Sprache im Vergleich zur geschriebenen ist, belegen zahlreiche Studien.

In einer Studie (https://psycnet.apa.org/record/2020-64844-001) der Sozialpsychologen Amit Kumar und Nicholas Epley sollten sich die Teilnehmer vorstellen, ein Gespräch mit einem Freund zu führen, zu dem sie seit mindestens zwei Jahren keinen Kontakt mehr hatten. Die Teilnehmer sollten vorher einschätzen, wie unangenehm oder angenehm es sein würde und wie nah sie sich fühlen würden, wenn sie sich per Telefon oder E-Mail unterhalten würden. Sie sollten auch angeben, welches Medium sie bevorzugen würden.

Dann wurden die Teilnehmer nach dem Zufallsprinzip ausgewählt, ob sie sich mit ihrem alten Freund per Telefon oder per E-Mail in Verbindung setzen sollten. Obwohl die meisten Teilnehmer davon ausgingen, dass ein Telefongespräch für sie unangenehmer sein würde, waren diejenigen, die telefonierten, zufriedener mit dem Austausch, fühlten sich der anderen Person näher und fühlten sich nicht unangenehmer als diejenigen, die gemailt hatten – selbst wenn sie angegeben hatten, dass sie lieber gemailt als angerufen hätten.

„Wir denken, dass es unangenehm sein wird, mit jemandem zu sprechen, aber das ist nicht der Fall", sagt der Hauptautor Amit Kumar. „Stattdessen bilden die Menschen eine deutlich stärkere Bindung, wenn sie telefonieren, als wenn sie per E-Mail kommunizieren."

Und jetzt kommt das für uns Interessante: Dieser Befund gilt auch für Personen, die sich mit jemandem unterhalten, den sie überhaupt nicht kennen, so ein weiterer Teil der Studie.

Den Teilnehmern wurde gesagt, dass sie einen Voicechat, einen Videochat oder Textchat benutzen würden, um eine fremde Person kennenzulernen. Wie im vorherigen Experiment sollten sie vorhersagen, wie die Erfahrung sein würde und wie nahe sie der Person kommen könnten. Im nächsten Schritt wurden sie mit einem Fremden zusammengebracht, um eine „schnelle Freundschaft"-Übung zu machen, bei der sie eine Reihe von zunehmend persönlichen Fragen stellten und beantworteten, wie zum Beispiel „Wie sähe der ‚perfekte' Tag für dich aus?" und „Was war einer der peinlichsten Momente in deinem Leben?"

Insgesamt erwarteten die Teilnehmer, die dem Sprach- oder Videochat zugewiesen wurden, dass die Gespräche unangenehmer sein würden und nicht mehr Nähe mit sich brächten als die Teilnehmer, die dem Textchat zugewiesen wurden. Aber sie haben sich geirrt: Dadurch, dass sie die Stimmen der anderen hören konnten, fühlten sie sich dem Fremden deutlich näher und fühlten sich darüber hinaus nicht unangenehmer als beim Textchat.

Und die Überraschungen gehen weiter: Auch wenn man glauben könnte, dass in diesem Fall ein Videochat besser zu sein scheint als ein reiner Audiochat (weil man die Gesichter der anderen sehen kann), spielt das anscheinend keine Rolle – beide Methoden führten zu ähnlichen Ergebnissen.

Diese Experimente deuten darauf hin, dass vor allem die Stimme in der Lage ist, eine gewisse Intimität zu erzeugen. Kumar selbst baute auf ältere Untersuchungen, die ebenfalls die Bedeutung der Stimme in unserer Kommunikation unterstreichen. Menschen, die einen potenziellen Stellenbewerber beurteilen sollten, hielten diesen beispielsweise für überlegter, intelligenter und kompetenter, wenn sie die Bewerbung der Person gehört und nicht gelesen hatten. Ähnlich wie in der Studie von Kumar war das Hinzufügen eines Videos zur Präsentation nicht wirkungsvoller als das Hören der Präsentation ohne Video.

Ein Grund dafür ist, dass unsere Stimmen eine Vielzahl von Emotionen vermitteln, was uns hilft, einander besser zu verstehen und mehr Empathie zu empfinden. In einer Studie wurde sogar festgestellt, dass eine reine Sprachkommunikation besser ist als eine Kommunikation mit Video, da sie hilft, die Emotionen der anderen besser zu erkennen.

Die Menschen werden sich übrigens nicht nur an Ihre Stimme erinnern. Hirnregionen, die auf die Verarbeitung von Stimmen und Gesichtern spezialisiert sind, arbeiten während der Personenerkennung und des Verstehens von Sprache eng zusammen. Das bedeutet, dass wir, während wir mit anderen Menschen sprechen, ständig Informationen von Gesicht und Stimme verbinden, um die Identität unseres Gesprächspartners zu erkennen und seine Sprachnachricht zu verstehen. Selbst wenn wir eine Person nur sprechen hören, aktiviert das Gehirn gelernte Assoziationen des Gesichts, um die Stimmerkennung zu verbessern. Das bedeutet für Sie, dass Sie sich mit der Auswahl Ihres Profilbilds entsprechend Mühe geben sollten und dieses Bild idealerweise konsistent über alle Plattformen verwenden sollten.

Apropos Bild: Ist ein Bild nicht noch viel wirksamer? Okay. Ein Texter, ein Grafikdesigner und ein Speaker kommen in eine Bar. Der Texter erklärt selbstbewusst: „Text übertrumpft das Visuelle." Doch der Grafikdesigner protestiert: „Auf keinen Fall, das Visuelle regiert die Welt!" Der Speaker: „Hold my beer!"

Es ist wahr, dass ein Bild mehr sagt als tausend Worte. Der Hirnforscher John Medina sagt: „Das Sehen übertrumpft alle Sinne. Bilder schlagen auch Text, zum Teil, weil Lesen für uns so ineffizient ist. Unser Gehirn sieht Wörter als viele kleine Bilder, und wir müssen bestimmte Merkmale in den Buchstaben erkennen, um sie lesen zu können. Das kostet Zeit." Wenn Menschen Informationen hören, erinnern sie sich drei Tage später wahrscheinlich nur an zehn Prozent dieser Informationen. Wird dagegen ein relevantes Bild mit denselben Informationen kombiniert, behalten die Menschen drei Tage später 65 Prozent der Informationen.

Das sind natürlich Tatsachen. Aber daraus zu schließen, dass wir also doch auf das visuell geprägte Instagram setzen sollten, unterliegt einem grundsätzlichen Missverständnis. Denn die Botschaft, die wir transportieren wollen, das sind wir selbst – unsere

Existenz als Rhetoriktrainerin, als Marketingexperte, als Patentanwältin, als Fahrradmechaniker ... Wir wollen Menschen erreichen und positive Verbindungen zu ihnen schaffen. Diese Botschaft besteht nicht nur aus Informationen, sondern auch aus Emotionen. Außerdem gab es bis vor Kurzem noch gar nicht die Möglichkeit, mit gesprochener Sprache unkompliziert Content zu erstellen.

Sprache transportiert so unvergleichlich viel mehr als die Information, wie Sie am schnellsten zu Raum 009 kommen. Menschen ist es möglich, anhand der Stimme zuverlässig Geschlecht und Alter zu erkennen. Sogar die Körpergröße des Sprechers lässt sich einigermaßen sicher aus einer Stimme ableiten. Der Kommunikationswissenschaftler Walter Sendlmeier erklärt dazu: „Wir erkennen sofort an der Sprechweise, ob jemand gerade eher froh, traurig, ängstlich oder ärgerlich ist – und zwar auch dann, wenn die Person uns über den Inhalt etwas anderes vormachen möchte."

SOCIAL AUDIO FÜR ALLE – ÜBERALL

Ein Medium, das komplett auf die gesprochene Sprache setzt, hat naturgemäß hohes Ausschlusspotenzial. Denn um an einem Gespräch partizipieren zu können, müssen Sender und Empfänger nicht nur die gleiche Sprache verstehen. Die vom Sender produzierten Laute müssen vom Empfänger eben auch empfangen werden können. Grenzt Social Audio also gehörlose oder schwerhörige Nutzer grundsätzlich aus? Bis vor Kurzem war das so. Inzwischen bieten zumindest Twitter Spaces und Clubhouse die Möglichkeit, live Untertitelungen einblenden zu können. Einer der vielen spannenden Aspekte an dieser Erweiterung: War bisher Clubhouse der Innovationstreiber, war es diesmal Twitter, das diese inklusive Entwicklung angeschoben hat und Clubhouse zum Nachziehen gezwungen hat. Durch die bei beiden Apps recht gut funktionierende Spracherkennung haben also auch in ihrem Hörvermögen eingeschränkte Menschen die Möglichkeit, die Gespräche über die App zumindest passiv zu verfolgen. Das ist nicht perfekt, macht aber weitere Zuhörerplätze am digitalen Lagerfeuer frei. Plätze, die es vorher nicht gab.

Abgesehen von der erweiterten Inklusivität bietet diese Funktion einen weiteren Vorteil. Wenn Sie in der Öffentlichkeit sind, in Bus und Bahn oder im Lokal, und Ihre Kopfhörer vergessen haben, können Sie jetzt diskret mitlesen und müssen nicht Ihr gesamtes Umfeld an einer Diskussion teilhaben lassen.

Wie die Aktivierung im Einzelnen funktioniert, habe ich in den der jeweiligen App gewidmeten Abschnitten aufgeführt.

DAS RICHTIGE EQUIPMENT

Das Wichtigste vorab: Social Audio ist günstig. Natürlich ist es mit der nötigen Hardware bei Clubhouse & Co nicht anders als beim Bergwandern oder beim Fahrradfahren. Sie können richtig viel Geld ausgeben, müssen es aber nicht. Im Gegensatz zu Content für Youtube oder Instagram lässt sich Social Audio Content vergleichsweise günstig erstellen. Sie benötigen nämlich kein ausgefeiltes Video- oder Fotoequipment. Es sind auch keine Reisen an möglichst ausgefallene Spots erforderlich (Sie müssen also nicht mithilfe von ausgefeilten Photoshop-Skills faken, dass Sie an diesen Orten sind).

Was Sie für Social Audio benötigen, ist grundsätzlich ein Smartphone, die App und ein Profil/einen Account. Kopfhörer mit Mikrofonfunktion können – insbesondere, wenn Sie Social Audio professionell nutzen wollen – nicht schaden. Ich selbst nutze als bekennender Apple-Fan die AirPods Max. Das sind Over-Ear-Kopfhörer von Apple. Sie haben einen guten Sound und Ihre Stimme hat zudem einen guten Klang. Ebenfalls wichtig im Gespräch: Sie verstehen auch alle anderen sehr gut. Ich bin sicher, dass es auch für Android-Nutzer gute Alternativen auf dem Markt gibt.

Ein Tablet statt eines Smartphones zu nutzen hat einige Vorteile. Denn das Tablet ist natürlich größer. Das, was Sie im Smartphone im Kleinen haben, haben Sie dann im großen Bild. Und dieser Umstand erleichtert die Moderation eines Raums ungemein. Hier müssen Sie mir einfach vertrauen, auch wenn Sie vielleicht noch gar nicht wissen, was ein Raum ist und welche Aufgaben ein Moderator überhaupt hat.

Empfehlenswert ist außerdem die Möglichkeit des induktiven Ladens. Ich empfehle diese Option ausdrücklich, weil aus eigener Erfahrung die Wahrscheinlichkeit relativ groß ist, dass Sie am Anfang viel Zeit auf Social Audio verbringen werden. Ich schaffe es als Heavy User normalerweise nicht, den Akku meines iPhones innerhalb eines Tages zu verbrauchen. Mit Social Audio habe ich es sogar zweimal an einem Tag geschafft. Induktiv wird Ihr Gerät quasi permanent nachgeladen. Der bange Blick auf den Akkustand, während Sie vor mehreren Hundert Menschen ein Thema bearbeiten, entfällt. Das kann sehr entspannen.

Falls Sie Social Audio als Teil einer Social-Media-Strategie für ein Unternehmen implementieren, können Sie Ihren CFO – oder wer immer Ihr Budget verwaltet – ruhig nachdrücklich auf diese Vorteile hinweisen.

Dass Sie ein stabiles Wi-Fi- oder Mobilnetz sicherstellen müssen, versteht sich von selbst. Sonst kann es ziemlich peinlich werden, wenn Ihnen mitten in der Diskussion die Verbindung wegbricht. Einen professionellen Eindruck hinterlässt es jedenfalls nicht.

Wenn Sie Moderatorinnen und Moderatoren sind, dann moderieren Sie am besten von einem Platz aus, der Ihnen die nötige Ruhe garantiert. Ein bisschen weg von Familie oder den Kolleginnen und Kollegen im Büro. Falls an diesem „abgelegenen Ort" das Wi-Fi nicht so eingerichtet ist, wie es sein sollte, gibt es Wi-Fi- oder WLAN-Repeater, um die Signale entsprechend zu verstärken und dafür zu sorgen, dass Sie auch im Homeoffice im Keller noch beste Verbindung haben.

2
Die Plattformen

CLUBHOUSE

Clubhouse ist ein soziales Audionetzwerk, das Gruppenkonversationen durch eine Reihe von Voicechat-Räumen ermöglicht, in die sich die Nutzer begeben und zuhören können. Die von Paul Davison und Rohan Seth entwickelte App wurde im März 2020 in einer Version für geladene Gäste veröffentlicht, gefolgt von einer Beta-Version für Android, die im Mai 2021 veröffentlicht wurde und jetzt weltweit verfügbar ist. Es ist eine reine Social-Audio-App.

In Clubhouse können die Nutzer in virtuellen Räumen miteinander sprechen. Es gibt drei Arten von Räumen: „offene Räume", „soziale Räume" und „geschlossene Räume".

- Offene Räume: Jeder auf Clubhouse kann beitreten.
- Soziale Räume: Benutzer, die einem Moderator folgen, können den Raum dieses Moderators sehen und ihm beitreten.
- Geschlossene Räume: Der Moderator kann jeden Benutzer einladen, der am Chat teilnehmen möchte.

Räume sind der Ort, an dem Live-Unterhaltungen in Clubhouse stattfinden. Diese Räume sind in Clubs untergebracht, denen die Benutzer folgen oder in denen sie Mitglied werden können.

Sie können Clubs nach Themen suchen. Wenn Sie sich zum Beispiel für Spiele interessieren, können Sie nach Clubs zum Thema Spiele suchen, die von Esports (der zum Zeitpunkt der Erstellung dieses Artikels 31,6k Mitglieder hat) bis zum Schachclub (8,5k Mitglieder) reichen. Wenn Sie sich mit anderen Clubhouse-Nutzern in Ihrer Muttersprache unterhalten oder eine neue Sprache lernen möchten, gibt es eine Vielzahl von Clubs, denen Sie beitreten können, wie den Mandarin Learners Club (107k Mitglieder) oder den Practice Your Spanish Club (58,4k Mitglieder).

Clubhouse war eine der ersten sozialen Plattformen, bei der die Stimme als primäres Kommunikationsmittel dient. Für das größte Aufsehen sorgte sie allemal. Die App ist weniger unhandlich und ablenkend als beispielsweise das Scrollen durch einen typischen sozialen Feed oder das Ansehen von Videoinhalten.

Die Kurzlebigkeit beziehungsweise die Vergänglichkeit der Gespräche, die in Clubhouse stattfinden, trug wesentlich dazu bei, was sie so besonders macht. In der Beta-Phase der App konnten Gespräche noch nicht aufgezeichnet werden. Unterhaltungen in Clubhouse waren ausschließlich live, was natürlich auch bedeutete: Wenn man sie verpasst hat, hat man Pech gehabt. Und wer verpasst schon gern etwas.

Inzwischen können Gespräche von Moderatorinnen und Moderatoren ganz offiziell mitgeschnitten und versendet werden. Schon während des anfänglichen Hypes, den die Audio-App ausgelöst hatte, hatten sich viele Nutzer eine solche Funktion gewünscht. Die Macher hielten damals aber noch an der Strategie der „künstlichen Verknappung" fest. Inzwischen können Talks nachgehört werden und von Ihnen wiederum weiter geteilt werden. Sie können diese Talks sogar bookmarken und nachhören, wann immer Sie wollen. Ihre „Lesezeichen" finden Sie in Ihrem Profilbereich.

Wie komme ich in den Club?

Bis Mai 2021 gab es zunächst ausschließlich für iPhone-Nutzer zwei Möglichkeiten, in den Club zu kommen, und beide erforderten Beziehungen zu Personen, die bereits im Netzwerk sind. Im Mai 2021 folgte dann eine Version für Smartphones mit dem Google-Betriebssystem Android – nutzen ließ sich die App aber auch unter Android nur nach Einladung.

Der normale Weg in den Club führte über eine persönliche Einladung. Wenn jemand Clubhouse beitrat, erhielt er automatisch eine Einladungskarte beziehungsweise einen weiteren Platz auf der Gästeliste, den er mit seiner Telefonnummer an jemanden schicken konnte. Das bedeutet, dass Mitglieder ihre Einladungen vor allem an Personen versendeten, mit denen sie bereits verbunden waren. Also eher an einen guten Freund anstatt an einen XING-Kontakt, mit dem man seit der Vernetzung vor vier Jahren keine drei Zeilen mehr gewechselt hat.

Aktive Mitglieder, also Clubhouse-Nutzer, die bereits einige Zeit im Netzwerk verbracht hatten und/oder die selbst Räume moderieren und sich unterhalten, verdienten sich durch ihre Aktivität zusätzliche Plätze auf der Gästeliste.

Einladungssysteme und lange Wartelisten sind bereits seit Juli 2021 passé: Inzwischen ist Clubhouse offen für alle und jeder kann der Talk-Community beitreten.

Der Club ist heute also wesentlich weniger exklusiv, dafür offen für alle. Ein bisschen ist es wie mit der Loveparade, die sich – falls Sie sich noch erinnern – von einem kleinen Straßenumzug für die Berliner Techno-Szene zu einem Multimillionen-Geschäft für den Mainstream entwickelte. Und ähnlich wie bei dem Techno-Umzug hört man sich an wie Opi, der vom Krieg erzählt (was in Wahrheit niemand gemacht hat), wenn man der alten Zeit hinterhertrauert, als man noch exklusiv unter sich war.

Welchen Weg auch immer Sie nehmen: Hauptsache, Sie sind drin. Wie im echten Leben haben Sie die Möglichkeit, neue Leute, interessante Menschen und Themen kennenzulernen. Im Club ist eben einfach alles etwas ungezwungener. Man kommt leichter ins Gespräch. Man findet Publikum für seine eigenen Themen.

Aber auch im Club müssen Sie ein bisschen aufpassen. Denn Sie wissen nie so genau, wer an der Bar neben Ihnen steht und zuhört. Und wem er es weitererzählt. Diese Erfahrung musste im Clubhouse – damals, in den wilden Tagen – unter anderem bereits Thüringens Ministerpräsident Bodo Ramelow machen, der während einer Clubhouse-Diskussion die damalige Bundeskanzlerin Angela Merkel als „Merkelchen" verspottete und ganz nebenbei verriet, wer alles in der Ministerpräsidentenkonferenz lieber Candy Crush spielte, als der Diskussion zu folgen. Dass sein eigener Talk von mehr als 1000 Zuhörer*innen verfolgt wurde, war dem Politiker offensichtlich nicht bewusst, als er das Neuland im Neuland betrat.

Für Menschen, die die Plattform bewusst nutzen wollen, sind das gute Nachrichten. Denn der „Skandal" zeigt, wie schnell man mit einem guten Namen und einem guten Thema viele Menschen erreicht. Titel der Ramelow-Gesprächsrunde war beispielsweise ein geheimnisvolles „Trash und Feuilleton". Der Politiker gab im Anschluss selber zu, er sei nun „für diese App beides: Werbe- und Warnschild". Willkommen im Club!

Als Neuling im Club sehen Sie eventuell ein Party-Symbol in Ihrem sorgsam angelegten Profil. Denken Sie sich nichts. Es soll allen zeigen, dass Sie neu im Club sind – und wahrscheinlich noch keine rechte Ahnung haben, was Sie hier machen. Das Symbol verschwindet nach einer Woche wieder.

Achtung: Der beste Weg, um durch Clubhouse zu navigieren, ist, anderen Leuten zu folgen. Das Zusammenstellen einer qualitativ hochwertigen Liste ist deshalb wichtig, da die App weitere Räume basierend darauf empfiehlt, wem Sie folgen. Wenn man den richtigen Leuten folgt, kann das Türen zu neuen, interessanten Begegnungen und Unterhaltungen öffnen. Den falschen Leuten zu folgen wird zu einer Flut von nutzlosen Push-Benachrichtigungen führen.

Um loszulegen, bittet Clubhouse neue Benutzer, einige Interessen zu wählen – die Optionen umfassen Krypto, Mode, Geopolitik, Spiritualität, Burning Man – und empfiehlt dann Leute und Clubs, denen man folgen kann. Wenn Sie sich an dieser Stelle noch nicht sicher sind, müssen Sie sich keine Sorge machen, ich beschreibe Ihnen später ausführlich, wie Sie Ihre eigene Liste erstellen können und wie Sie die richtigen Leute und ihre Clubs finden.

Wie Sie ein erfolgreiches Clubhouse-Profil aufsetzen
Wenn Sie abends ausgehen, dann überlegen Sie vorher, wie Ihre Garderobe aussehen soll. Sie wollen schließlich einen bestimmten Eindruck und eine bestimmte Gruppe von Menschen ansprechen. Entsprechende Mühe sollten Sie also auch auf die Einrichtung Ihres Profils und bei der Wahl Ihres Usernamens (@handle) verwenden. Aber auch wenn Sie nach einiger Zeit (zu Recht) der Meinung sind, dass @Cocaine_Cowboy nicht den professionellsten Eindruck vermittelt, haben Sie noch Chancen: Die Entwickler haben die Möglichkeit eingebaut, den Usernamen EINMAL zu ändern. Dazu benötigen Sie jeweils die neueste Version der App. Aktualisieren Sie also auf die neueste Version und tippen Sie auf Ihren Usernamen. Und wählen Sie diesmal einen besseren.

Wie bei anderen Social-Media-Apps haben Sie bei Clubhouse die Möglichkeit, ein Profil einzurichten, das den übrigen Nutzern ein wenig mehr über Sie und Ihre Inhalte verrät. Das Profilfoto können Sie aus Ihren vorhandenen Bildern auswählen oder Sie können ein neues Foto mit der Kamera aufnehmen. Versuchen Sie, möglichst ein quadratisches Bild zu liefern mit einer Auflösung wie zum Beispiel 300 × 300 Pixel. Damit kommt Ihr Profilbild auf jedem Gerät top zur Geltung. Wenn Sie aus der Menge hervorstechen wollen, können Sie zusätzlich noch einen farbigen Rand hinzufügen. Dazu können Sie das kostenlose Tool clubhouseglow.com[1] nutzen.

Wählen Sie ein Foto, das Ihr Gesicht zeigt, vorzugsweise lächelnd, und das in verschiedenen Größen gut aussieht. Dieses Foto wird immer wieder angezeigt, manchmal mit Ihrem Namen und manchmal allein. Achten Sie auf einen klaren Hintergrund mit kontrastreichen Farben. Die Hintergrundfarben im Clubhaus – von Weiß über Off-White bis hin zu hellem Beige – sind angenehm neutral, sodass Ihr Foto gut zur Geltung kommen kann.

Ein heller Hintergrund in Ihrem Foto lässt Ihr Profil mit höherer Wahrscheinlichkeit herausstechen, wenn Sie sich das Meer von Profilfotos ansehen. Clubhouse bietet Ihnen neben dem Bild viel Platz, um eine ausführliche Kurzbeschreibung – im Jargon „Biografie" oder „Bio" – zu schreiben. Die ersten drei Zeilen (circa 125 Zeichen) sind dabei am wichtigsten. Denn sie stehen als Vorschau zur Verfügung.

Hier sind einige weitere Tipps zum Erstellen eines Clubhouse-Profils: Clubhouse ist eine Echtzeit-Networking- und Chat-App, also stellen Sie sicher, dass Ihr Profil die Kompetenzen widerspiegelt, die Sie in die Konversation einbringen wollen.

Die einzigen Links in Ihrem Profil, die man anklicken kann, sind Links zu Ihrem Twitter- und zu Ihrem Instagram-Profil. Sie können jedoch mit einem kleinen Trick noch mehr Links in Ihrem Profil unterbringen. Und zwar, indem Sie sie in Ihrer Bio posten. Da andere User diese Links aber nicht direkt anklicken können, sollten Sie sicherstellen, dass diese Links leicht zu merken sind. Sie können die Links herausstellen, indem Sie mithilfe von Emoticons vor die Links ein Pfeilsymbol oder ein rotes Ausrufezeichen setzen.

Ermöglichen Sie den übrigen Usern unbedingt, mit Ihnen auch außerhalb der App Kontakt aufzunehmen. Ich selbst verfahre beispielsweise so, dass ich meine Bio mit folgendem Satz abschließe: „Du hast Fragen? Klicke auf meinen Instagram-Account und schicke mir eine Nachricht."

Listen Sie in der Bio Ihre Themen auf, damit die Welt weiß, worüber Sie reden werden und zu welchen Diskussionen und Gesprächen Sie gern eingeladen werden würden. Diese Keywords sollten Sie strategisch einsetzen, um anderen Usern zu helfen, Sie bei einer Suche zu finden. Aber bitte übertreiben Sie es nicht. Viel hilft nicht immer viel. Werfen Sie dort also nicht einfach einen Haufen zufälliger Wörter hinein, es muss auch lesbar sein! Legen Sie an Ihr Clubhouse-Profil die gleichen SEO-Maßstäbe (Suchmaschinenoptimierung) an wie an Ihre Website. Andere Nutzer können Sie durch die Suche nach diesen Schlüsselwörtern finden. Dadurch eröffnen Sie sich viele neue Kontaktmöglichkeiten zu Risikokapitalgebern, Unternehmern und anderen, die nach Geschäftsmöglichkeiten und Projekten zur Unterstützung suchen. Clubhouse ist eine hervorragende Plattform, um Ihre Marke aufzubauen und sich selbst zu vermarkten.

Sie können Ihre Biografie mit einem externen Programm schreiben. Setzen Sie Ihren Text lieber nicht direkt in der App auf, sondern nutzen Sie Notebook oder ähnliche Programme. Sie können Ihren Text auf diese Weise viel besser formatieren und leserfreundlich machen. Zwar sind Ihre Links auch dann nicht klickbar, aber es stehen Ihnen viel mehr Gestaltungsmöglichkeiten zur Verfügung. Anschließend kopieren Sie Ihr Werk einfach in die Clubhouse-App. Alternativ können Sie mit dem kostenlosen Tool Clubhousebio.xyz[2] Ihre Bio komplett am Desktop-Rechner erstellen, sie am Smartphone abrufen und anschließend bei Clubhouse hineinkopieren.

Sie können über „Interests" Themen markieren, die für Sie von Interesse sind. Es gibt ziemlich viele zur Auswahl und es werden periodisch neue Themen hinzugefügt. Also könnte es sich lohnen, ab und zu vorbeizuschauen, um Ihre Interessenlisten zu aktualisieren. Wenn Sie nach der Ersteinrichtung diese Liste aktualisieren wollen, tippen Sie auf Ihr Profilbild, dann auf das Zahnrädchen oben rechts. Dort finden Sie den Einstellungspunkt

„Interests" wieder. Eine weitere Möglichkeit, viele Gleichgesinnte zu treffen, sind die sogenannten Clubs. Dazu später mehr.

Wenn Sie Ihr Twitter- oder Ihr Instagram-Profil verlinken wollen, klicken Sie einfach auf die entsprechenden Symbole, loggen sich entsprechend in Ihren (Facebook-)Account ein. Fertig. Sie finden die Symbole nicht? Dann haben Sie offenbar bereits eine längere Bio eingefügt. Scrollen Sie bis ans Ende. Dort finden Sie dann die entsprechenden Symbole für Twitter und für Instagram wieder.

Wenn Sie irgendwann eines der Profile wieder herausnehmen wollen, geht das so: Öffnen Sie Ihr Clubhouse-Profil. Tippen Sie dann auf das Einstellungs-Icon oben rechts (das kleine Zahnrädchen). Scrollen Sie ein wenig herunter bis zu der Einstellung „Disconnect Instagram" beziehungsweise „Disconnect Twitter". Selbstverständlich können Sie die Verknüpfungen der beiden Profile auch direkt aus der jeweiligen App heraus auflösen.

Und noch etwas: Viele von uns haben mehr als nur ein paar Dinge, in denen wir gut sind, aber verwirren Sie die Leute nicht. Beschränken Sie sich auf eine Sache. Konzentrieren Sie Ihre Biografie darauf, dass Sie der „Go-to-guy" für diese eine Sache sind. Irgendwann werden Sie mit dieser einen Sache genug Geld verdienen und dann haben Sie die Chance, auszubrechen und zusätzlich auch andere Dinge zu tun. Die Leute werden nicht wahrnehmen, was Sie tun und worin Sie wirklich gut sind, wenn Sie zu viele verschiedene Dinge auflisten.

Wenn Sie der Meinung sind, sich erst mal schick genug gemacht zu haben, können Sie Ihr Profil auch im Laufe des Set-up-Prozesses teilen und über andere Netzwerke wie beispielsweise WhatsApp mit Ihren Kontakten teilen.

Wenn Sie drin sind

Jetzt stehen Sie in der sogenannten Hallway, im Korridor. So heißt in der Clubhouse-App der Mainfeed, also das, was Sie aus anderen sozialen Netzwerken als Timeline oder Chronik kennen. Hier geht es los. Von hier aus navigieren Sie sich durch die Inhalte. Machen Sie es wie im Club. Schauen Sie sich erst mal in Ruhe um. Erinnern Sie sich daran, wie es war, als Sie tatsächlich das erste Mal in einem echten Club waren. Das war aufregend. Alles war neu, laut und vielleicht ein bisschen einschüchternd. Tja, ein Vierteljahr später kannte der Barkeeper schon Ihr „wie immer". So wird es auch in dieser App sein. Nehmen Sie sich ein bisschen Zeit, gewöhnen Sie sich und kommen Sie regelmäßig.

Verwenden Sie das Lupen-Symbol, um nach Personen, nach Stichworten/Keywords und nach Clubs zu suchen. Es gibt in diesem Netzwerk keine Möglichkeit, Ihr Profil auf privat zu stellen. Suchen Sie also nicht danach. Der Vorteil dieser grundsätzlichen Entscheidung der Entwickler ist, dass Sie jedes Clubmitglied auffinden können. Und die Clubmitglieder Sie. Die Suche zieht ihre Ergebnisse aus dem Namen, dem Benutzernamen und der Bio des Teilnehmers. Wenn Sie gern mehr Privatsphäre hätten, können Sie sich allerdings im Publikum verstecken. Die anderen Nutzer sehen Sie dann nicht als Teilnehmer beziehungsweise Zuhörer eines Talks.

Laufende oder geplante Räume finden Sie über das Kalendersymbol. Hier können Sie sich entweder ALLE bevorstehenden Räume oder nur die Auswahl anzeigen lassen, die der Algorithmus Ihnen aufgrund Ihrer Interessen vorschlägt.

Da Sie Clubhouse nur effektiv nutzen können, wenn Sie selber aktiv werden, werden Sie sich früher oder später auch dort wiederfinden. Denn jeder kann einen neuen Raum oder ein neues Event im Kalender anlegen.

Um einem Raum beizutreten, klicken Sie einfach darauf. Im Inneren sehen Sie dann die Profilbilder aller Mitglieder des Raums. Diejenigen mit einem grünen Stern vor ihrem Namen sind die Moderatoren. Der Sprecher ist derjenige, der einen grauen Ring um sein Bild hat.

Die Leute am oberen Rand des Bildschirms sind diejenigen, die auf der Bühne stehen. Der mittlere Bereich gehört den Personen, die sich im Raum befinden und denen die Redner folgen, nicht diejenigen, die den Rednern folgen. Die Bühne ist jedenfalls der Ort im Raum, in dem sich die Redner – oder Musiker – befinden. Zu dieser Gruppe können die Person, die den Raum eröffnet hat, Experten, die in den Raum eingeladen wurden, die Moderatoren und jeder, den der/die Moderator(en) auf die Bühne lassen, gehören.

Jeder im Raum, der sprechen möchte, muss sich auf der Bühne befinden. Unterhalb der Redner befindet sich das Publikum. Die ersten paar Reihen sind Leute, die bereits eine erste Beziehung zu den Sprechern haben. Unterhalb dieses Bereichs befindet sich der Rest des Publikums. Das sind alle anderen, die den Raum betreten haben, um zuzuhören. Jeder auf der Bühne wird mit seinem Namen, seinem Profil und seinem Bild angezeigt. Wenn diese Personen erst kürzlich Clubhouse beigetreten sind, haben sie vielleicht auch ein Party-Emoji, daran erkennen Sie wie beschrieben die Newbies.

Wenn Sie der Raum langweilt, benutzen Sie einfach den Victory-Button und verlassen Sie ihn. Wenn Sie nur Zuhörer sind, wird es niemandem auffallen, denn Sie verlassen den Raum „quietly", schleichen sich also sozusagen zur Tür hinaus. Diese Funktion, Räume unbemerkt verlassen zu können, bedeutet für die, die den Content bieten, dass sie auch tatsächlich etwas anbieten müssen, damit die Leute bleiben. Es gibt zwei Ausnahmen:

1 Prominenz. Prominente ziehen immer. Und es gibt genug Prominenz auf Clubhouse. Thomas Gottschalk, der tatsächlich aktiv in Talks seine Digitalkompetenz zeigt. Wir haben Sascha Lobo, Joko Winterscheidt, Dunja Hayali oder Jochen Schweizer, die sich Fragen und Antworten stellen.

2 Auch bei Clubhouse bilden sich, wie in anderen sozialen Netzwerken, natürlich „Bubbles" – in sich geschlossene Netzwerke innerhalb des Netzwerks. Das heißt, es gibt zum

Beispiel eine große Gruppe von bekannten Youtubern, die auf Youtube Unsinn machen, Millionen von Klicks damit kriegen, und die Clubhouse nutzen, um sich gegenseitig Nutzer zuzuschieben. Dagegen ist nichts zu sagen, denn früher oder später bekommt jeder Nutzer mit, was da passiert, und auch, was die Intention der Speaker ist. Also leise rein, leise raus.

Wenn Ihnen das Gebotene gefällt und Sie der Meinung sind, dass einer Ihrer Freunde diesen Talk auf keinen Fall verpassen sollte, können Sie die diversen Share-Buttons nutzen, um Ihre Kontakte anzupingen, einen Clip des Gesprächs zu teilen oder den Link zum Raum zu teilen.

Die kleine Glocke zeigt Ihnen übrigens Ihre diversen eigenen Benachrichtigungen an. Diese Benachrichtigungen können sein:

- Wenn Ihnen jemand folgt.
- Wenn einer Ihrer Kontakte in einem Raum spricht, der Sie interessiert.
- Wenn jemand, dem Sie folgen, oder ein Club, dem Sie folgen, ein neues Event terminiert.
- Wenn einer Ihrer Kontakte Sie in einen dauerhaften Raum einlädt, von dem er glaubt, dass dieser für Sie interessant ist.

Insbesondere Anfänger sind meiner Erfahrung nach relativ schnell gefrustet, weil sich die App in der Grundeinstellung zu häufig mit Notifications meldet. Es ist daher empfehlenswert, die Häufigkeit der Notifications der eigenen Resilienz und Begeisterung anzupassen. Rufen Sie dazu die Setting-Einstellung in Ihrem Profil auf, indem Sie auf Ihr Bild klicken. Unter dem Punkt „Frequency" können Sie nun die Häufigkeit der Benachrichtigungen einstellen und festlegen, ob Sie über „Trending Rooms" informiert werden wollen.

Wenn Sie Clubhouse professionell nutzen wollen, empfehle ich dringend, Trending Rooms zu beobachten.

Wenn Ihnen keiner der vorgeschlagenen Räume zusagt, können Sie die Suchfunktion verwenden und nach einem Thema suchen, dem Sie zuhören möchten. Im Gegensatz zu anderen sozialen Netzwerken wie Facebook oder Twitter verwendet Clubhouse weniger Algorithmen, um Ihnen geeignete Räume vorzuschlagen. Dieser Weg soll in Zukunft ausgebaut werden und es soll verstärkt auf personalisierte Vorschläge gesetzt werden, um bei einer steigenden Anzahl von Nutzern, Clubs und Räumen die Übersichtlichkeit zu wahren.

Wer kein interessantes Thema findet, der muss selbst aktiv werden. Und darum geht es in den nächsten Abschnitten.

Treten Sie ins Rampenlicht

Clubhouse war und ist meiner Meinung nach immer noch ein frischer Wind, der durch die Plattformen weht. Lassen Sie sich am Anfang von diesem Wind in zufällige Räume treiben, schauen Sie, was dort passiert. Sie wissen nie, wen Sie treffen werden und mit wem Sie sich connecten können. Und was daraus noch alles werden kann.

Clubhouse bietet großartige Möglichkeiten, um selbst ins Rampenlicht zu treten. Aber natürlich nur, wenn man mitmacht und nicht nur zuhört. Ich bin als Social-Media-Pionier – der sein erstes Buch (Kommunikationsrevolution Social Media, Books4Success) zum Thema 2013 veröffentlicht hat – persönlich davon überzeugt, dass man ein aktives Mitglied der Community sein muss, um etwas zu erreichen. Eigene Räume zu betreiben und sich an Gemeinschaftsräumen zu beteiligen, ist der richtige Weg, um sich als Experte zu positionieren. Wenn Sie etwas zu sagen haben. Und wenn Sie etwas zu sagen haben, dann sollten Sie reden können – ganz besonders im Zeitalter von Social Audio.

Clubhouse ist zu Recht gerade unter Selbstständigen, Einzelunternehmern und Unternehmensgründern beliebt, um Erfahrungen im jeweiligen Gebiet zu teilen und sich als Experte zu etablieren. Und das, obwohl sich mit den bereitgestellten Inhalten im

Gegensatz zu anderen Plattformen (beispielsweise Youtube oder Spotify) über Clubhouse direkt noch kein Geld verdienen lässt.

Ich erwähnte bereits, dass sich über den Umweg der Bereitstellung hochwertigen Contents allerdings dennoch echtes Geld verdienen lässt. Nämlich dann, wenn Sie durch Ihren Content Menschen für Ihr Angebot begeistern können. In ihrem Blog kündigten die Unternehmensgründer Paul Davison und Rohan Seth darüber hinaus bereits an, dass in den nächsten Monaten verschiedene Möglichkeiten der direkten Monetarisierung erprobt werden. Dazu zählt man Trinkgeld, Tickets für bestimmte Talks oder Abonnements für ausgewählte Clubs. Im dritten Teil werde ich auf diese Wege detailliert eingehen. Wenn es so weit ist, sollten Sie jedenfalls bereit sein.

Folgende Möglichkeiten stehen Ihnen zur Verfügung, um selbst aktiv zu werden:

Räume

Die Konversationen in Clubhouse finden wie beschrieben in Räumen statt. Deshalb starten wir unseren Walk-through genau hier. Es gibt eine ganze Reihe von verschiedenen Raumtypen, von öffentlich bis privat. Sie können auch mehrere Räume simultan unterhalten und eine Art virtuelle Konferenz organisieren. Dann handelt es sich um ein Event. Ich werde später genauer darauf eingehen, wenn Sie alles Nötige über einzelne Räume wissen. Die drei Haupttypen sind „open", „social" und „closed" – ein Sonderfall sind außerdem die Willkommensräume.

Welchen Raum auch immer Sie auswählen, der Club hat viele davon. Aarthi Ramamurthy, Head of International bei Clubhouse, nannte im Dezember 2021 folgende Zahlen: Die Anzahl der Räume, die täglich auf der Plattform gehostet werden, sei von 300.000 Räumen pro Tag zu Beginn des Jahres 2021 auf etwa 700.000 Räume pro Tag gestiegen. Ein durchschnittlicher Nutzer verbringe derzeit etwa 70 Minuten pro Tag auf der Plattform.

Ach, und noch was: Wie jeder Club hat auch Clubhouse seine „Schmuddelecken". Sie können und sollten unter Ihren Profileinstellungen festlegen, ob Ihnen auch diese NSFW-Räume (Not Safe For Work) in der Suche angezeigt werden sollen.

Offene Räume: Diese Räume sind, wie es der Name sagt, offen für jedermann. Sie sind beliebt, um öffentliche Diskussionen oder Events zu veranstalten, und bieten den Vorteil, dass man ein möglichst großes Publikum ansprechen kann. Nämlich alle User, die in Ihrem Sprachraum unterwegs sind.

Soziale Räume: Diese Räume sind für Unterhaltungen geeignet, bei denen Sie nur Zuhörer haben wollen, die Ihnen bekannt sind und denen Sie besonders vertrauen. Wenn Sie einen sozialen Raum erstellen, können diesen Raum nur Personen betreten, denen Sie folgen. Um den Raum für weitere Personen zu öffnen und um Ihr Netzwerk zu vergrößern, müssen Sie eine weitere Person als Moderator hinzufügen. Dann können auch Personen den Raum betreten, die dem neu ernannten Moderator – aber vielleicht nicht Ihnen – folgen.

Geschlossene/private Räume: Diese Räume können nur von Personen betreten werden, die von Ihnen explizit hinzugefügt werden. Private Räume sind gut geeignet, um private Unterhaltungen insbesondere mit einer kleineren Gruppe zu führen. Vor allem dann, wenn Sie noch keinen Club eingerichtet haben. Sie können aus einem geschlossenen Raum heraus jederzeit weitere Personen anpingen und einladen oder Sie können den Raum zu einem sozialen oder sogar offenen Raum öffnen. Auf jeden Fall ist ein geschlossener Raum ein guter Weg, um sich im vertrauten Kreis mit den Funktionalitäten vertraut zu machen und sich an die App „zu gewöhnen".

Willkommensräume: Diese Räume werden für neue Benutzer erstellt, wenn diese sich zum ersten Mal anmelden. Es kann also vorkommen, dass Sie über eine Benachrichtigung aufgefordert werden, einem Willkommensraum beizutreten. Ein Willkommensraum ist ein privater Raum, in dem Sie und andere Kontakte des neuen Users ihm helfen können, sich im Clubhouse zurechtzufinden. Auch diese Räume können im Nachhinein geöffnet werden.

Die passenden Räume finden
Sie müssen wie beschrieben nicht sofort einen eigenen Raum starten. Hören Sie am Anfang viel zu, gewinnen Sie ein Gefühl für die App. In der Hallway sehen Sie eine Auflistung aller Räume, die Sie betreten können, um einer Diskussion zuzuhören oder selber in die Diskussion einzusteigen. Sie können auch einen eigenen Raum starten. Vorher sollten Sie aber verstanden haben, wie Räume funktionieren und welche Regeln Sie befolgen müssen.

Wenn Sie sich in der Hallway befinden, können Sie den Namen – wenn vorhanden – des Raums, die Anzahl der Personen im Raum, eine Liste mit einigen dieser Personen und die Sprecher sehen. Wenn Sie all diese Informationen einsehen können, handelt es sich entweder um einen Raum mit einem Sprecher, dem Sie folgen, oder um einen öffentlichen Raum, den jeder betreten kann.

Gelegentlich werden Ihnen auch Räume angezeigt, die ein graues „Schloss"-Symbol oben rechts haben. Das Symbol bedeutet, dass der Raum zwar für die Öffentlichkeit geschlossen ist, Sie aber beitreten dürfen, weil Sie entweder ein Mitglied des veranstaltenden Clubs sind oder von einem Raummoderator persönlich eingeladen wurden.

Sobald Sie den Raum ausgewählt haben, treten Sie einfach ein. Tippen Sie dazu auf den Namen des Raums und dann auf den grünen Button. Sie brauchen nicht nervös zu sein. Sie müssen sich nicht vorstellen oder Ähnliches, sondern schleichen sich einfach rein. Sie sind außerdem automatisch stumm geschaltet.

Wenn Sie sich dafür entscheiden, nur zuzuhören, müssen Sie die Stummschaltung auch gar nicht aufheben. Sie sind nicht gezwungen, zu sprechen. Wenn Sie jedoch sprechen möchten, müssen Sie wie in der Schule die Hand heben. Tippen Sie dazu auf das Hand-Symbol rechts unten. Sie können dann vom Raummoderator auf die Bühne geholt werden.

Wenn Sie sich mit bestimmten Personen in einem Raum treffen oder an einer bestimmten Diskussion teilnehmen möchten, können Sie checken, ob die Person bereits im Raum ist, indem Sie im Flur nach links wischen. Sie sehen dann eine Liste mit allen Personen, die online sind, und sehen, wo diese sich im Raum befinden.

Um alle Räume zu sehen, auf die Sie Zugriff haben, scrollen Sie einfach die Liste durch. In der Grundeinstellung werden Ihnen allerdings nicht alle Räume angezeigt. Diese Vorauswahl ist sinnvoll, weil Sie nicht zu jedem Raum Zugang haben. Es gibt auf Clubhouse viele private Räume und es gibt viele Räume, die nicht zu den Themen passen, die Sie in Ihrem Profil angegeben haben. Der „sparsame" Algorithmus der Anwendung wird entscheiden, welche Räume Sie sehen können. Und dieser Algorithmus ist gerade am Anfang noch ziemlich ungelenk.

Für jeden Raum wird außerdem eine Liste mit der Anzahl und den Namen der Personen im Raum angezeigt. Auch hier sehen Sie nicht die Namen aller Personen im Raum. Sie sehen nur die Redner und die Personen im Publikum, die sich in Ihrem Netzwerk befinden.

Wenn Sie ganz nach unten scrollen, finden Sie einen Befehl „Erkunden" mit einem Bild der Welt als Symbol. Wenn Sie auf diesen Befehl tippen, erhalten Sie noch mehr Räume, die Sie erkunden können.

Raumaktionen

Sobald Sie in den Raum Ihrer Wahl eingetreten sind, gibt es verschiedene Dinge, die Sie nun tun können; das hängt davon ab, wo im Raum Sie sich befinden – auf der Bühne oder im Publikum.

Sie sehen die Aktionen, die Sie von Ihrer Position im Raum aus ausführen können, am unteren Rand des Bildschirms und durch Klicken auf die drei Punkte am oberen rechten Rand. Wenn Sie einen öffentlichen oder sozialen Raum betreten, sind Sie zunächst einfach im Publikum. Sie wollen mitlesen statt zuhören? Klicken Sie auf die drei Punkte und aktivieren Sie „Untertitel anzeigen"/ „Show Captions".

Sie sind zu diesem Zeitpunkt stumm geschaltet und können die Stummschaltung selbst auch nicht aufheben. Es ist normal und üblich, dass neue Mitglieder zunächst eine Weile zuhören, bis sie ein Gefühl für den Raum bekommen und sich in die Unterhaltung einfinden. Wenn Sie nicht interessiert sind, können Sie „leise gehen".

Während des Zuhörens können Sie übrigens auf einen beliebigen Sprecher oder ein Mitglied des Publikums tippen. Durch das Tippen auf einen Namen können Sie sehen, wer da mit Ihnen im Raum ist und ob es jemanden gibt, mit dem Sie sich verbinden oder dem Sie folgen möchten. Wenn Sie auf das Profil der betreffenden Person tippen, können Sie ihr auch eine private Nachricht schreiben.

Denken Sie daran, dass Ihre „Aufgabe" als Zuhörer darin besteht, zuzuhören! Vielleicht möchten Sie sich sogar Notizen machen, da Sie (hoffentlich) jede Menge großartiger Informationen hören werden. Eine Besonderheit der Clubhouse-App ist übrigens, dass Sie sie minimieren und zu anderen Anwendungen wechseln können, ohne den Raum, in dem Sie sich gerade befinden, zu verlassen. So können Sie arbeiten oder sich unterhalten, ohne die App verlassen zu müssen, und können weiter zuhören.

Durch diesen kleinen Kniff stellen die Entwickler eine hohe Session length/Session duration sicher. Eine Session ist die Zeit, in der ein Benutzer Aktionen in der App ausführt. Die Sitzungslänge verrät eine Menge darüber, wie ansprechend die App ist, und ist einer der wichtigsten KPI (Key Performance Indicator) für das Performancemanagement von Apps.

Wenn Sie sich in einem Raum befinden, werden Sie von den Moderatoren oft den Ausdruck „PTR" hören. PTR bedeutet „Pull to Refresh". Das bedeutet, die Moderatoren möchten, dass Sie den Bildschirm aktualisieren. Sie tun dies, indem Sie auf Ihrem iPhone-Bildschirm nach unten wischen. Die Moderatoren werden um „PTR" bitten, wenn sie zum Beispiel ein Diagramm anzeigen oder neue Informationen über den Raum geben möchten.

Wenn Sie auf „Refresh" (Aktualisieren) ziehen, erhalten Sie ein Update darüber, wer sich derzeit im Raum befindet, im Vergleich zu dem Zeitpunkt, als Sie ihn betreten haben. Sie können unterschiedliche Profilbilder sehen, wenn die Personen sie geändert haben, und Sie sehen auch die Reihenfolge, in der das Publikum, die Redner und die Moderatoren den Raum betreten haben.

Was können nun Sie konkret tun, wenn Sie sich im Raum im Publikum befinden?

Benachrichtigen und teilen – Am unteren Ende Ihres Screens sehen Sie das bekannte Share-Symbol. Wenn Sie dieses Symbol antippen, können Sie wählen, ob Sie den Talk innerhalb der App teilen wollen, ob Sie andere Nutzer direkt oder über andere Netzwerke einladen wollen. Sie können den Link des Raums auch kopieren und per Mail versenden.

Mehr – Hinter den drei Pünktchen auf der rechten Seite Ihres Screens verbergen sich weitere Funktionen. Sie kennen bereits die Untertitel-Funktion. Darüber hinaus können Sie das Publikum durchsuchen, die Regeln des Clubs lesen und den Raum über ein beliebiges von Ihnen genutztes Netzwerk teilen.

Hand heben – Heben Sie die Hand, um den Moderatoren – gekennzeichnet mit einem grünen Badge – mitzuteilen, dass Sie sprechen möchten. Die Moderatoren können Sie nun auf die Bühne holen.

Leave (leise gehen) – Verlassen Sie einfach den Raum.
Was können Sie tun, wenn Sie sich auf der Bühne befinden?
- Mikrofon – Sie können die Stummschaltung aufheben und sprechen.
- Verlassen – einfach den Raum verlassen.

Wenn Sie das Wort bekommen – die Rolle des Redners

Sie haben also einen Raum mit einem Thema betreten, das Sie interessiert, und mit Leuten, die Ihnen folgen. Beim erstmaligen Betreten des Raums sind Sie wie beschrieben Mitglied des Publikums und automatisch stumm geschaltet. Jetzt brennt Ihnen aber ein Thema auf den Lippen und es soll endlich losgehen.

Wenn Sie sprechen möchten, heben Sie die Hand, indem Sie die Hand-Schaltfläche auf Ihrem Bildschirm antippen, und drücken Sie die Daumen. Denn ob Sie auf die Bühne geholt werden, liegt immer noch ganz im Ermessen des Moderators.

Sobald Sie aber auf der Bühne sind, können Sie die Stummschaltung aufheben. In den meisten Räumen werden die Redner allerdings gebeten, ihre Mikrofone aus Höflichkeit gegenüber der Person, die gerade spricht, stumm zu halten. Wenn Sie sprechen, „unmuten" Sie sich. Schalten Sie sich wieder stumm, wenn Sie fertig sind. Es kann jedoch immer zu kurzen technischen Verzögerungen kommen, wenn Sie aufgehört haben zu sprechen. Schalten Sie sich also nicht zu schnell stumm. Das alles kennen Sie sicherlich aus unzähligen Zoom- oder Teams-Meetings, die uns die Pandemie neben Social Audio leider auch beschert hat.

Noch ein paar Dinge, die sich Redner merken sollten: Wenn Sie Fragen beantworten, halten Sie Ihre Antworten kurz und prägnant, abhängig von der Anzahl der Redner und Zuhörer im Raum. Halten Sie das Gespräch in Gang. Verstricken Sie sich nicht in detailliertes technisches Gerede, es sei denn, die einzigen Leute im Raum sind Techniker, Freaks und Nerds. Versuchen Sie nicht, jede Frage unbedingt selbst zu beantworten, es sei denn, Sie sind der einzige Redner auf der Bühne in einer Keynote-artigen Umgebung. Geben Sie anderen Rednern die Chance, ebenfalls zu antworten und zu glänzen. Vielleicht wissen die sowieso eine bessere Antwort und Sie können selbst noch etwas lernen.

Wichtig: Versuchen Sie nicht, von der Bühne aus zu verkaufen. Klar, jetzt ist die Situation da, die Sie sich gewünscht haben. Die Versuchung ist groß, jetzt sofort Ihr tolles Produkt oder Ihre einmalige Dienstleistung in den Himmel zu loben. Aber Clubhouse ist einfach kein Verkaufsforum. Sie können mit Clubhouse viel Geld verdienen, aber direkt von der Bühne aus zu verkaufen ist verpönt und kommt gar nicht gut an. Eingeschworene Sales-Leute und Marketeers benötigen an dieser Stelle vielleicht einen kleinen Mindshift. Nehmen wir beispielsweise das Thema Podcasts. Vielleicht haben Sie einen und wünschen sich mehr Follower. Versuchen Sie trotzdem nicht, die Leute jetzt mit Gewalt auf Ihren Podcast hinzuweisen. Geben Sie stattdessen Tipps, wie man einen erfolgreichen Podcast produziert und etabliert und weisen in diesem Zuge auf Ihren eigenen hin. Mit diesem Weg werden Sie auf Clubhouse Erfolg haben. Die Brechstange funktioniert hier nicht. Geben Sie Ihrem Publikum die Wertschätzung, die es verdient, und den Content, den es erwartet – vielleicht sogar mehr Content, als es erwartet. Nur dann werden Ihnen die Nutzer über die App hinaus folgen. Und dann können Sie verkaufen.

Wie Sie Ihren eigenen Raum starten

Das Nächste, was Sie über Räume wissen sollten, ist, wie Sie Ihren eigenen Raum starten. Das Erstellen eines eigenen Raums hat den Vorteil, dass Sie das Thema, den/die Moderator(en) und die Art und Weise, wie die Gruppe im Raum miteinander kommuniziert und interagiert, selbst bestimmen können.

Um einen Raum zu starten, tippen Sie in der Hallway auf den unübersehbaren grünen Button „Start a room" und los geht es. Alternativ können Sie Einzelräume auch starten, indem Sie in der

Hallway von rechts nach links wischen. Dann sehen Sie sofort eine Liste der Freunde, die online sind.

Falls Sie bereits in einem Raum sind, können Sie auch einen anderen Benutzer einladen, um gemeinsam einen neuen Raum zu starten. Tippen Sie auf jeden im Raum, der Ihnen folgt, und wählen Sie „Einen neuen Raum zusammen starten".

Entscheiden Sie, ob dieser öffentlich zugänglich sein soll oder ob Sie sich nur mit ein paar Freunden in einem privaten Raum unterhalten möchten. Die drei Auswahlmöglichkeiten, die Sie erhalten, sind wie beschrieben: geschlossen, sozial oder offen.

Als Nächstes müssen Sie den Titel und die Beschreibung der Diskussion in Ihrem Raum auswählen. Dieser Part ist besonders wichtig, wenn Sie einen offenen Raum starten wollen. Denn natürlich wollen Sie so viele User wie möglich neugierig auf Ihren Content machen.

Ohne Prominenz und ohne großen Namen ist der Titel Ihres Raumes zunächst das Wichtigste, um sich im besten Sinne interessant zu machen. Investieren Sie ruhig Mühe und Zeit. Die britische Werbetexter-Legende David Ogilvy prägte den Ausspruch: „Fünfmal so viele Menschen lesen die Überschrift wie den Text. Wenn Sie Ihre Überschrift geschrieben haben, haben Sie achtzig Cent von Ihrem Dollar ausgegeben." Diese achtzig Cent sollten Sie also sehr weise investieren. Vor allem, wenn Sie nur einen Dollar haben. Der folgende Exkurs wird Ihnen helfen, eine catchy Headline zu entwickeln.

EXKURS: 7 EINFACHE WEGE, UM EINE UNWIDERSTEHLICHE HEADLINE ZU ENTWICKELN

1 Verwenden Sie Zahlen und machen Sie sie groß
Eine Sache, über die sich praktisch jeder Texter von Headlines einig ist, ist, dass Zahlen funktionieren. Und große Zahlen funktionieren am besten. Wenn alles andere gleich ist, wird „101 Wege, Ihre Community zu vergrößern" besser funktionieren als „5 Wege, Ihre Community zu vergrößern". Warum? Weil es mehr Wert verspricht und dieses Versprechen – hoffentlich – auch einhält.

2 Verwenden Sie Ziffern anstelle von ausgeschriebenen Zahlen
Ich bin zwar Rhetorik-Experte. Dieser Tipp wurde aber von echten Schreibexperten in zahllosen A/B-Tests bestätigt: „10 Wege, um ..." schlägt „Zehn Wege, um ..." um Längen. In nahezu jedem Szenario schneiden die Ziffern besser ab als die Wörter.

3 Setzen Sie die Zahl an den Anfang der Überschrift
Es funktioniert in der Regel besser, die Überschrift so zu strukturieren, dass die Zahl am Anfang steht. Zum Beispiel ist „5 Schritte, Ihre Community zu vergrößern" besser als „Wie Sie Ihre Community in 5 Schritten vergrößern".

4 Ein ehrgeiziges Versprechen geben (und es erfüllen)
Die besten Schlagzeilen versprechen etwas Wertvolles oder emotional Stimulierendes. „Wie man mit Clubhouse 500.000 Euro pro Jahr verdient" ist eine unglaublich fesselnde Überschrift, die ein sehr ambitioniertes Verspre-

chen macht. Wenn Sie anhand replizierbarer Formate und Fallstudien zeigen können, wie das erreichbar ist, haben Sie Ihr Versprechen eingelöst. Wenn nicht, bleiben Sie allerdings bis auf Newbie-Laufkundschaft demnächst wieder allein in Ihrem Raum.

5 Bringen Sie Menschen etwas Nützliches bei

Wir alle lernen gern neue Fähigkeiten, die unseren Zielen entsprechen und uns im Leben weiterbringen. Aus diesem Grund funktionieren Schlagzeilen mit „Eine Einführung in ...", „Was ist eigentlich ...?", „In 5 Minuten zum ..." tendenziell sehr gut.

6 Schaffen Sie ein Gefühl der Dringlichkeit

Um einer Überschrift Dringlichkeit zu verleihen, reicht es normalerweise aus, das Wort „jetzt" oder „heute" an das Ende der Überschrift anzuhängen. „7 Wege, um Ihre Community jetzt zu vergrößern" ist noch überzeugender als „7 Wege, um Ihren Blog zu vergrößern". Sie können die Dringlichkeit erhöhen, indem Sie negative Auswirkungen andeuten, zum Beispiel „7 Fehler, die Sie nicht machen sollten, wenn Sie Ihre Community vergrößern wollen." Dieser letzte Titel würde bei Clubhouse allerdings nicht funktionieren, denn Sie haben insgesamt nur 68 Zeichen zur Verfügung.

7 Verwenden Sie „Powerwörter"

Powerwörter sind starke Wörter, die für den Extra-Reiz Aufmerksamkeit und für mehr Ausdruck sorgen. Denken Sie an Punkt 6 und das Wort „jetzt", schon haben Sie Powerwörter begriffen. Versuchen Sie, jeweils ein Powerwort unterzubringen.

Hier ist eine Liste mit starken Wörtern, die Neugier auslösen und den Spannungsbogen erhöhen:

- Einfach
- Verlockend
- Verblüffend
- Verführerisch
- Unwiderstehlich
- Unglaublich
- Unfassbar
- Überwältigend
- Spürbar
- Sprachlos
- Spektakulär
- Spannend
- Sensationell
- Selten
- Rasant
- Großartig

- Grenzenlos
- Geheimnisvoll
- Geheim
- Geheimnis
- Faszinierend
- Fantastisch
- Fabelhaft
- Exzellent
- Einzigartig
- Wirklich
- Erstaunlich
- Bemerkenswert
- Tatsächlich
- Überraschend
- Unbedingt
- Wichtig

Hier eine Liste mit starken Worten und Formulierungen, die Vorteile für den Leser suggerieren:

- Das bedeutet für Sie
- Das heißt für Sie
- Sorgt für
- Fördert
- Sichert
- Spart
- Steigert
- Vereinfacht
- So sparen Sie
- Das hilft gegen

- Bringt
- Maximiert/minimiert
- Leistet
- Senkt
- Führt zu
- Optimiert Ihre
- So verbessern Sie
- Das hilft Ihnen bei
- So vermeiden Sie

Wenn Sie Titel und Beschreibung fertig haben, geht es damit weiter, dass Sie die Sprecher und den/die Moderator(en) auswählen müssen.

Moderatoren – Menschen mit Macht

Der Moderator eines Raums hat viel Kontrolle über das, was im Raum passiert. Ein starker Moderator kann seinen Raum souverän leiten und auch eine umfassendere Diskussion mit vielen Teilnehmern zulassen. Ein schwächerer Moderator hingegen verliert leicht die Kontrolle über einen großen Raum. Ihr sorgsam geplantes Event endet dann in einer wütenden und chaotischen Diskussion. Die Rolle des Moderators ist also die kritischste im Raum.

Es gibt grundsätzlich zwei Möglichkeiten, zum Moderator zu werden.

Erstellen und öffnen Sie den Raum selbst. Sie sind jetzt automatisch Moderator für Ihren Raum.

Sie können aber auch von einem Raumbesitzer eingeladen werden, in seinem Raum als Moderator zu fungieren. Die Rolle des Moderators ist eine tolle Beförderung. Sie können also den Raum als Zuhörer betreten und als Moderator enden.

Jetzt, wo Sie der Moderator sind, haben Sie eine Menge Kontrolle über den Raum und eine große Auswahl an Aktionen. Sie kontrollieren beispielsweise die Möglichkeit der Zuhörer, sich zu Wort zu melden. Wenn Ihr Raum ein reiner Zuhörerraum ist, können Sie das Symbol für das Heben der Hände durch Einzelpersonen nämlich ausschalten.

Wenn Sie den Zuhörern erlauben, zu sprechen, haben Sie andere Möglichkeiten. Sie können die Wortmeldung einer Person aus dem Publikum annehmen oder ablehnen/ignorieren.

- Sie können bestimmte Mitglieder des Publikums einladen, auf die Bühne zu kommen und Sprecher zu werden.
- Sie können Redner stumm schalten, und zwar ohne sie zu zwingen, ins Publikum zurückzukehren.
- Sie können Redner ins Publikum zurückzwingen.
- Sie können einen oder mehrere der Sprecher bitten, die Rolle eines zusätzlichen Raummoderators zu übernehmen.

Wie ein Moderator den Raum leitet, hängt von seiner Erfahrung, der Anzahl der Personen im Raum und dem Interesse des „Besitzers" und der Sprecher ab. Befindet sich eine große Anzahl von Personen im Raum, wird ein Moderator dazu neigen, die Diskussion strikter zu kontrollieren. Er wird dann eine Gruppe von Leuten auf die Bühne rufen und ihre Beiträge oder Fragen auf wenige Minuten beschränken. Dann schickt er die Gruppe zurück ins Publikum und holt eine neue Gruppe auf die Bühne. Auf diese Weise bekommt jeder, der reden möchte, eine Chance dazu, ohne dass es zu einem verbalen Chaos kommt.

Die Art und Weise, wie ein Moderator eine kleinere Gruppe von Menschen leitet, kann dagegen völlig anders sein. Es gibt keine festen Regeln dafür, wie man einen Raum moderiert. Wenn der Raum klein genug ist, kann der/die Moderator*in sogar jeden auf die Bühne einladen, um zu sprechen. In anderen Räumen erleben Sie dagegen vielleicht eine Art Podiumsdiskussion, bei der das Publikum nur zuhört und im Anschluss Zeit für Fragen vorgesehen ist.

Nachfolgend sehen Sie drei grundlegende Aufstellungen.

- Ein Redner = läuft ähnlich wie das Modell eines Hauptredners bei einer Konferenz oder Veranstaltung mit Fragen und Antworten.
- Zwei bis fünf Redner = normalerweise wie eine Podiumsdiskussion im Stil einer Konferenz mit Fragen und Antworten aufgebaut.
- Wenn mehr als fünf Redner in einem Raum sind, ist das Format normalerweise ein offenes Forum – dieses Format kann jedoch schnell abgleiten, wenn der Moderator nicht die Kontrolle über den Raum behält.

Wenn Sie als Eigentümer des Raums die Moderationsbefugnis an jemand anderen abgeben wollen, sollten Sie dies vor der Eröffnung des Raums entscheiden. Die Entscheidung ist wichtig, damit die Moderatoren wissen, was auf sie zukommt, die Tonalität des Raums bestimmen und festlegen können, welches Format sie verwenden wollen. Der Moderator sollte zudem eine Tagesordnung haben, auch wenn diese nur locker eingehalten wird. Dies ist wichtig, denn wenn das erste Thema langsam versiegt, muss der Moderator zum neuen Thema überleiten können. Dazu muss er aber ungefähr wissen, wo es hingehen soll und was Sie geplant haben.

- Entscheiden Sie im Vorfeld, ob der Raum nur für eine bestimmte Gruppe von Sprechern oder für ein Panel vorgesehen ist und alle anderen nur zuhören. Gleichzeitig kann der Moderator die Regeln aber nach eigenem Belieben ändern. Wie er mit dem Raum umgeht, hat viel damit zu tun, wie das Gespräch verläuft. Der Moderator oder Eigentümer sollte im Voraus entscheiden, wer die ersten Redner sind, und sich mit ihnen in Verbindung setzen, bevor der Raum eröffnet wird.
- Legen Sie das Format fest – freie oder strukturierte Diskussion.
- Entscheiden Sie, ob der Moderator neue Redner auf strukturierte Weise auswählt oder auf jeden eingehen soll, der sich zu Wort meldet.

Solange der Raum offen ist, muss der Moderator den Gesprächsfluss steuern. Er muss neben allen administrativen Aufgaben eben auch noch klassisch moderieren. Und auch wenn die Diskussion in einem überfüllten Raum mal etwas leidenschaftlicher wird, sollte der Moderator den Überblick behalten, wer spricht. Wenn das Gespräch dagegen an Schwung verliert, hat der Moderator zwei Möglichkeiten. Er kann die Sprecher mit neuen aus dem Publikum austauschen oder einfach die Bühne für alle öffnen. Oder er beendet die Diskussion und schließt den Raum.

In allen beschriebenen Situationen ist es unerlässlich, dass der Moderator nicht die Kontrolle über den Raum oder das Interesse des Publikums verliert.

Die Rolle des Moderators ist also eine sehr umfassende. Wenn Sie der Ersteller des Raums sind, ihn aber nicht moderieren wollen oder können, seien Sie sehr wählerisch bei der Auswahl des Moderators. Sein Versagen wird auf Sie zurückfallen. Stellen Sie sicher, dass Ihr Moderator den Anforderungen gerecht wird.

Je nach Größe des Raums muss der Moderator außerdem den Raum eventuell alle 10 bis 15 Minuten zurücksetzen. Zu diesem Zweck bittet der Moderator alle um den bereits erwähnten PTR („Pull to Refresh").

Events

Die meisten Unterhaltungen auf Clubhouse sind mehr oder weniger spontan. Und sie sind alle und immer zunächst live. Es gilt also immer das gesprochene Wort. Aufzeichnungen sind zwar möglich, lassen sich aber nicht editieren. Obwohl die Veranstaltungen live stattfinden, heißt das aber natürlich nicht, dass Sie Ihre Veranstaltung nicht im Voraus terminieren können.

Sie können Ihre eigene Veranstaltung zum Clubhouse-Kalender hinzufügen, indem Sie auf das Kalender-Plus-Symbol oben rechts tippen. Geben Sie hier einfach die geforderten Informationen ein.

Viele User, die damit beginnen, Clubhouse für Markenbekanntheit und Marketing zu nutzen, verwenden Events.

Ein Event ermöglicht gemeinsame Räume mit mehreren Diskussionen zur gleichen Zeit. Fast so, als würden Sie eine virtuelle Konferenz veranstalten. Dabei können an Ihrem Event so viele Räume beteiligt sein, wie Sie Moderatoren haben.

Clubs

Zusätzlich zu den Bühnen und Räumen bietet das Clubhaus auch Clubs. Wie Räume sind auch Clubs eine wichtige Funktion, die den Nutzen der Anwendung maximiert. Ein Club hat meiner Meinung nach den Vorteil, dass Sie zusätzlich neben Ihrem Profil noch eine starke Community aufbauen und Nutzer in den Club einladen können. Clubs organisieren wiederkehrende Räume zu einem bestimmten Thema. Im Gegensatz zu einem Raum, der auch ein singuläres Event sein kann, sind Clubs quasi eine Veranstaltungsreihe – die allerdings eine bestimmte Regelmäßigkeit voraussetzt.

War es in der Anfangszeit von Clubhouse eine relativ komplizierte Sache, einen passenden Club zu finden, ist es inzwischen kinderleicht, seinen Verein zu finden. Geben Sie einen beliebigen Begriff in die Suchleiste in der Hallway ein. Automatisch können Sie dann wählen, ob Sie zu diesem Begriff Leute, Clubs, Räume oder Events finden wollen. Außerdem haben Sie noch die Möglichkeit, sich nur die „Marktführer" zum jeweiligen Thema anzeigen zu lassen. Wenn Sie beispielsweise nach dem Begriff „Rhetorik" und dann „People" suchen, lächelt Ihnen der Autor dieser Zeilen entgegen.

Einen Club gründen
Wenn Sie selber einen Club gründen wollen, ist auch das inzwischen kinderleicht. Wenn Sie vielleicht ein „Rückkehrer" aus frühen Beta-Tagen sind, vergessen Sie einfach alles, was damals so kompliziert war. Gehen Sie auf Ihr Profil, scrollen Sie ganz nach unten und klicken Sie auf den „+"-Button. Der Rest ist selbsterklärend. Achtung: Sie können alle Eingaben im Nachhinein editieren – den Namen des Clubs allerdings nicht! Nach der Einrichtung Ihres Clubs haben Sie die Möglichkeit, andere User einzuladen, und können außerdem einen Link zu Ihrem Club verschicken.

Sie finden Ihren Club jetzt wieder ganz unten in Ihrem Profil. Als Gründer können Sie für Ihren Club drei Topics – also Themenbereiche – aus einer vorgegebenen Liste auswählen. Wählen Sie ein catchy und aussagekräftiges Profilbild für Ihren Club aus. Im nächsten Schritt können und sollten Sie dazu eine möglichst klare und knackige Beschreibung Ihres Clubs formulieren. Sie können auch erst mal loslegen, denn alle Club-Einstellungen lassen sich im Nachhinein wieder editieren.

Als Nächstes können Sie drei Clubregeln aufsetzen und jeweils eine längere Erklärung zu den Regeln formulieren. Wenn Sie Regeln formulieren, wird automatisch jeder Bewerber aufgefordert, diese Regeln beim Eintritt des Clubs zu akzeptieren.

Eine wichtige Entscheidung, die Sie treffen müssen, ist, ob der Club offen sein soll oder ob sich potenzielle Mitglieder – die Sie nicht eingeladen haben – mit einem kurzen Anschreiben um eine Mitgliedschaft bewerben müssen. Wenn der Club offen ist, müssen potenzielle Mitglieder einfach nur den „Join"-Button klicken und sind sofort Mitglied. Wenn Sie sich für ein Bewerbungsverfahren entschieden haben, nun ja, dann müssen sich Interessenten bewerben und Sie können entscheiden, ob die Person Mitglied werden darf oder nicht.

Wenn Sie sich entscheiden, die Person anzunehmen, können Sie dem neuen Mitglied verschiedene Rollen zuweisen: Mitglied, Leader oder Admin.

Als Admin können Sie vertrauenswürdige Mitglieder zu Admins oder Leadern ernennen, die selbstständig Veranstaltungen planen und Räume eröffnen dürfen. Die Veränderung von Einstellungen sowie des Clubnamens oder das Hinzufügen und Entfernen von Mitgliedern kann nur durch die Admins erfolgen. Members können standardmäßig keine Räume eröffnen, erhalten jedoch Benachrichtigungen über die Veranstaltungen des Clubs und können an diesen teilnehmen.

Ist Luisa hier?

Wie in jedem Club kann es einem auch in Clubhouse passieren, dass man an Menschen gerät, mit denen man nichts zu tun haben möchte. In echten Clubs gibt es für Frauen und Mädchen das Projekt „Luisa ist hier" des Frauennotrufs Münster, das bereits in Dutzenden Städten etabliert ist und zu einer respektvollen Partykultur beiträgt. Mit dem Codewort „Luisa" können Frauen, die sich bedrängt, belästigt oder anderweitig unwohl fühlen, beim Personal Hilfe anfordern. Luisa ist auch auf Clubhouse. Wenn Sie eine Person blocken möchten – sie also von jeglicher Interaktion mit Ihnen ausschließen wollen –, dann suchen Sie diese Person entweder unter Ihren Followern, den Personen, denen Sie folgen oder ganz einfach über die Personensuche in der Hallway. Klicken Sie das entsprechende Profil an und danach die drei Pünktchen oben rechts. Hier finden Sie zum einen den Block-Button, zum anderen aber auch eine lange Zeit vermisste und sehr komfortable Meldefunktion. Die Meldefunktion lässt sich zudem sehr gut nutzen, wenn die Person zwar nicht direkt mit Ihnen interagiert, aber beispielsweise in Räumen unangemessene Botschaften verbreitet. Mit einem flinken Blockfinger und direktem Draht zur Meldefunktion können wir alle einer zunehmenden „Telegramisierung" dieser schönen App vorbeugen.

EXKURS: DA WAR DOCH WAS MIT DATENSCHUTZ

Wenn wir Deutschen etwas wirklich gut können, dann ist es Lücken im Datenschutz aufzudecken oder zumindest die Bedenken kundzutun, dass da vielleicht etwas nicht ganz koscher sein könnte, dass unsere Daten gar für Marketingzwecke genutzt werden könnten. Dies hat immer irgendwie den Geruch des Amoralischen, obwohl wir uns im echten Leben ja freuen, wenn wir beispielsweise beim Bäcker mit Namen angesprochen werden und uns unaufgefordert unsere Stammbestellung über den Tresen gereicht wird. Jedenfalls ist auch Clubhouse beziehungsweise das Unternehmen hinter der App, Alpha Exploration Co., Inc., in die Kritik geraten. Vor allem, weil die App in den frühen Tagen Zugriff auf das Adressbuch des Nutzers haben wollte und im Fall des Falles damit Zugriff auf Daten von Menschen bekam, die die App gar nicht nutzten und deshalb auch nicht gefragt werden konnten, ob sie damit einverstanden sind, dass ein US-amerikanisches Start-up ihre

Telefonnummern und sonstige Kontaktdaten auf amerikanischen Servern sammeln würde. Hier geht es vor allem darum, dass die Betreiber Schattenprofile der nicht angemeldeten Personen anlegen. Das ist in der Tat kritisch, betrifft aber nicht nur Clubhouse, sondern beispielsweise auch die Nutzung von WhatsApp in Unternehmen. Glücklicherweise muss man sich bei Clubhouse mit diesem Kritikpunkt nach einem Update nicht mehr beschäftigen, denn die Betreiber haben reagiert und diese Praxis abgeschafft. Stattdessen kann man nun einfach die Nummer derjenigen oder desjenigen eintippen, an die oder den die Einladung gehen soll. Aber es bleibt halt immer ein bisschen was hängen und dieser – je nach Sichtweise – geniale Schachzug oder Fauxpas bestimmt das Feeling of Knowing in Bezug auf Clubhouse und den Datenschutz.

Der Verbraucherzentrale Bundesverband (VZBV) bemängelt außerdem, dass die Plattform kein Impressum aufführt. Denn damit verstößt sie gegen die Datenschutz-Grundverordnung (DSGVO). Und das zumindest ist für deutsche Unternehmen ein Problem. Denn Benutzerkonten müssen zwar individuelle Personen repräsentieren – und nicht beispielsweise Marken oder Markenmaskottchen –, aber natürlich sind Unternehmen, Verbände und Marken ausdrücklich willkommen, Clubs zu erstellen und Talks auf Clubhouse zu moderieren. Bemängelt werden insgesamt unklare Regeln zum Umgang mit personenbezogenen Daten und das – mögliche – Mitschneiden von Gesprächen. Clubhouse selbst schneidet aber Gespräche beziehungsweise Talks ausschließlich mit, wenn es eine Beschwerde zu Inhalten bekommt.

Können also Unternehmen Clubhouse überhaupt DSGVO-konform nutzen? Diese Frage ist schwierig zu beantworten, vor allem deshalb, weil Unternehmen zwar mit offenen Armen empfangen werden, Clubhouse-Profile aber ausdrücklich Privatpersonen zugeordnet sein müssen. Nach den eigenen Regeln ist Clubhouse also gar nicht für Unternehmen gemacht. Dieser Umstand führt dazu, dass Unternehmen in Deutschland bei Datenverarbeitungen über die App zwar die Vorgaben der DSGVO einhalten, sich aber gleichzeitig der Herausforderung stellen müssen, dass die App zumindest derzeit keine geschäftliche Nutzung erlaubt. Somit fehlt es an einer Aufteilung der datenschutzrechtlichen Verantwortlichkeiten. Und die DSVGO hält einige Fußangeln bereit. So ist es beispielsweise nach wie vor umstritten, ob auf Grundlage von Art. 49 DSGVO überhaupt dauerhaft Daten in Drittstaaten übertragen werden dürfen. Diese Option behält sich die App aber ausdrücklich vor: „By using our Service, you understand and acknowledge that your Personal Data will be transferred from your location to our facilities and servers in the United States, and where applicable, to the servers of the technology partners we use to provide our service."

Ein klarer Verstoß der App gegen deutsches Recht ist, dass das Unternehmen bisher keinen Vertreter in der EU benannt hat, obwohl das Unternehmen als nicht in der EU niedergelassener Verantwortlicher nach Art. 27 DSGVO hierzu verpflichtet wäre.

Was ist also das Fazit? Grundsätzlich verpflichtet die DSGVO nur denjenigen, der über die Zwecke und Mittel der Datenverarbeitung entscheidet. Das ist in diesem Fall Alpha Exploration Co., Inc. mit Sitz in San Francisco. Aber: Wenn Sie ganz sichergehen wollen, sollten Sie zumindest eine rechtliche Beratung einholen. Denn die App hat gewiss noch viel Verbesserungspotenzial im Hinblick auf den deutschen Datenschutz. Eine 100-prozentig risikofreie Nutzung der App ist, wie bei vielen anderen Diensten, derzeit nicht möglich.

TWITTER SPACES

Wie an anderer Stelle kurz angerissen, unterscheiden sich die Netzwerke nicht nur technisch. Twitter hat 2022 knapp 330 Millionen Nutzer*innen weltweit. Laut Statistiken vom April 2021 sind 38,5 Prozent dieser Twitter-Nutzer*innen zwischen 25 und 34 Jahre alt. Die zweitgrößte Altersgruppe, die die Plattform nutzt, ist zwischen 35 und 49 Jahre alt und macht circa 21 Prozent der Gesamtzahl aller User*innen aus. Amerikaner*innen stellen den größten Prozentsatz der Twitter-Nutzerbasis. Japan und Indien sind die zweit- und drittgrößten Märkte des Unternehmens. Europa jedoch ist auf dem Vormarsch, die deutsche Nutzerschaft ist allein im letzten Quartal 2020 um 30 Prozent gestiegen und wächst stetig weiter, mittlerweile nutzen über fünf Millionen Deutsche das Netzwerk. Etwa 66 Prozent der Twitter-User sind männlich, nur knapp 34 Prozent weiblich.

Twitter wird vor allem von Journalisten, Medien und Politikern genutzt – und von Menschen, die sich dafür halten. Twitter begann als Kurznachrichtendienst. Das Netzwerk ermöglichte es seinen Nutzern, sehr kurze Informationen mitzuteilen. Anfangs verzichtete Twitter komplett auf visuelle Inhalte. Roh und ungefiltert konnte jeder Informationen in die Welt schicken. Jeder konnte und kann seine Weltsicht vermitteln und Einfluss nehmen. Zum Zeitpunkt der Niederschrift zeigte sich der Charakter dieses Netzwerks wieder deutlich: Im Krieg um die Ukraine ist Twitter wieder zum Ort geworden, wo die aktuellsten und ungefilterten Informationen zu finden waren. Nicht gesagt ist dabei, ob alle Informationen immer faktisch richtig sind. Spoiler: Sind sie nicht.

Twitter hat ein anderes Selbstverständnis als Clubhouse und erst recht als LinkedIn und ist meiner Meinung nach aus seinen Wurzeln heraus wesentlich politischer und aktivistischer orientiert als das kollaborative Clubhouse-Netzwerk: Denken Sie an die politischen Diskussionen, die durch die Hashtags #meetoo oder #aufschrei initiiert wurden. Derartiges ist von Clubhouse noch nicht bekannt. Die Early Adopter – Techies, Unternehmer, Künstler und Entertainer – haben innerhalb von Clubhouse eine in den sozialen Medien einzigartige Kultur aufgebaut. Sie schufen eine einmalig kollaborative Kultur, in der sich jeder mit jedem treffen und unterhalten kann.

Aber auch Twitter ist inzwischen Business: 67 Prozent aller B2B-Unternehmen nutzen Twitter als digitales Marketinginstrument (Statista, 2018), 53 Prozent der B2C-Unternehmen weltweit setzen Twitter für ihre Marketingkampagnen ein (Social Media Examiner, 2020).

Unternehmen profitieren von der Nutzung von Twitter und Twitter Spaces, können dort über Produkte und Neuheiten informieren und die Kundschaft auf dem Laufenden halten. Sie können die Nutzer über Werbeaktionen und sogar über interessante Fakten über Ihr Unternehmen, die für die Konversion erforderlich sein können, informieren und können insbesondere Twitter Spaces nutzen, um mit Ihren Kunden zu interagieren, was nicht nur zu einem besseren Ruf, sondern auch zu engeren, persönlicheren Geschäftsbeziehungen führen kann.

Da Twitter Spaces sowohl für Privatpersonen als auch für Unternehmen nutzbar ist, ermöglicht dieses Feature, noch engere Bindungen zu Zielgruppen aufzubauen. Twitter Spaces bietet die perfekte Plattform, um mit Followern in Echtzeit in Verbindung zu treten und zu interagieren.

Was sind Twitter Spaces?

Spaces ist Twitters Gegenstück zu Clubhouse. Schon während des ersten Clubhouse-Hypes rumorte beständig, dass auch Twitter da „was am Laufen" hätte. Tatsächlich hat sich Twitter in Form einer langen Testphase viel Zeit gelassen, den Drop-in-Audiochat-Klon in seine Anwendung zu integrieren. Inzwischen ist Spaces für jeden angemeldeten Nutzer verfügbar.

Twitter selbst beschreibt Spaces als „Ort des Zusammenkommens, aufgebaut um die Stimmen der Menschen, die Twitter, Ihre Twitter-Community, nutzen". Statt um Text geht es also um Audio,

Nutzerinnen und Nutzer können die sogenannten Spaces eröffnen, um sich mit anderen Personen oder Gruppen zu Live-Gesprächen zu treffen und auszutauschen. Seit Ende 2020 ist Twitter Spaces für alle Nutzerinnen und Nutzer freigeschaltet, um ihnen so eine weitere Form des Austausches zu ermöglichen. Auch hier ermöglichen die kurzlebigen Live-Gespräche offene, authentische und manchmal extrem ungefilterte Diskussionen und bieten einen „Space" für jedes Thema und jede Konversation, von kleinen und intimen Gesprächen bis hin zu Talks für Millionen von Zuhörern.

Jeder, der einen Twitter-Account hat, kann eine Unterhaltung starten, einen sogenannten „Space" hosten und andere zur Teilnahme einladen. Dies gilt sowohl für iOS- als auch für Android-Nutzer, derzeit allerdings nur auf mobilen Geräten. Aus der Webversion ist es bisher nur möglich, einem Space beizutreten – als passives Mitglied sozusagen.

Aktuell sind alle Spaces auf Twitter standardmäßig öffentlich, was bedeutet, dass auch Personen, die dem Host nicht folgen, an ihnen teilhaben können. Dieses Prinzip deckt sich mit dem allgemeinen Modell von Twitter, da sämtliche Tweets von allen Personen öffentlich einsehbar sind.

Wenn jemand, dem man folgt, einen Space hostet, wird er für die Dauer des Gesprächs als lila Blase in der eigenen Timeline angezeigt. Die Teilnahme an Twitter Spaces ist nicht eingeschränkt, aktuell kann jede und jeder teilnehmen beziehungsweise zuhören, bis zu dreizehn Personen können „Speaker" sein, inklusive des Hosts und zweier Co-Hosts. Zur Auswahl der Co-Hosts beachten Sie die gleichen Regeln wie für Clubhouse-Moderatoren.

Alle Personen, die dem Konto folgen, das einen Space hostet oder den Link zu der Unterhaltung erhält, können sich an dieser Unterhaltung beteiligen, unabhängig von der eigenen Follower-Anzahl. Eine kleine Einschränkung gibt es allerdings: Haben Sie als Host eines Spaces einen Nutzer geblockt, so sieht dieser Ihren Space nicht und kann somit auch nicht beitreten.

Die Anzahl der Teilnehmenden an einem Space ist aktuell unbegrenzt. Die Teilnahme erfolgt zunächst passiv, die Nutzer*innen können zeitgleich zum laufenden Space weiter auf ihren Twitter-Feed zugreifen, sodass sie beim Scrollen keine Pause einlegen müssen, um auf die Audiofunktionen von Twitter zuzugreifen. Allerdings kann auch aktiv an Twitter Spaces teilgenommen werden. Die User können beispielsweise mit Emojis auf das Gehörte reagieren oder sogar selbst an der Konversation teilnehmen, wenn sie beim Host um Sprecherlaubnis gebeten haben und ihnen diese gewährt wird. Grundsätzlich liegt die Kontrolle also ausschließlich bei der gastgebenden Person, sie kann Mikrofone auch wieder stumm stellen, Teilnehmende sogar komplett entfernen oder blocken. Ein weiteres spannendes Detail von Twitter Spaces ist, dass die Rede der Nutzer, wenn der Host dies gestattet, mit Live-Untertiteln versehen werden kann.

Wer kann Twitter Spaces einrichten und welche Rollen gibt es?
Jeder mit einem Twitter-Profil kann Spaces nutzen. Die ursprünglich eingerichtete Mindestanzahl von 600 Followern ist mittlerweile aufgehoben. Dies gilt für iOS- und Android-User, im Moment allerdings nur auf mobilen Geräten; an einer Ausweitung auf twitter.com wird derzeit noch gearbeitet.

Innerhalb eines Twitter Space gibt es drei verschiedene Rollen – Gastgeber*in, Sprecher*in oder Zuhörer*in. Gastgeber und Gastgeberinnen sind die Personen, die den Raum geschaffen und die Diskussion ins Leben gerufen haben, die stattfinden soll. Außerdem ist der Host derjenige, der andere Personen dazu einladen kann, ebenfalls als Rednerin oder Redner im Space zu fungieren. Twitter erlaubt bis zu zehn Speakerinnen und Speaker in einem Raum. Womit wir bei der zweiten von drei verschiedenen Rollen innerhalb von Twitter Spaces angelangt sind: der Sprecherin beziehungsweise dem Sprecher. Diese/r wird von der Gastgeberin/ dem Gastgeber bestimmt und kann aktiv am Gespräch teilnehmen, kann Tweets anheften oder den Space via Twitter verbreiten, sodass die eigenen Follower ebenfalls teilnehmen können. Auch das Einschalten der Untertitel ist eine Option, die den Speakern zur Verfügung steht, sodass der Space auch ohne Ton verfolgt werden kann. Die Sprecherin/der Sprecher kann selbst jedoch keine neuen Sprecherinnen oder Sprecher hinzufügen. Tritt man als Zuhörerin beziehungsweise Zuhörer einem Twitter Space bei, so hat man zunächst nur die Möglichkeit zuzuhören und mit Emojis auf die Inhalte zu reagieren. Zudem kann man die gepinnten Tweets und die Untertitel einsehen, den Space twittern oder als Direktnachricht versenden. Möchte man sich selbst äußern, kann man eine Wortmeldung anfordern.

Was unterscheidet Twitter Spaces von Clubhouse?
Oberflächlich betrachtet sehen Twitter Spaces und Clubhouse sich extrem ähnlich, sowohl im Design als auch in den Funktionsweisen. Doch während Clubhouse vielleicht die erste App in diesem Bereich war, hat Twitter Spaces eventuell einige Vorteile aufzuweisen. Um einen gezielten Vergleich vornehmen zu können, müssen verschiedene Bereiche ins Auge gefasst werden. Der Hauptunterschied zwischen Clubhouse und Twitter Spaces besteht darin, dass die Clubhouse-App eine eigenständige App ist, während Twitter Spaces eine zusätzliche Funktion von Twitter ist und (aktuell) nur auf mobilen Geräten aktiv genutzt werden kann.

Ein nicht außer Acht zu lassender Unterschied zwischen den beiden Plattformen ist ihre Nutzerbasis. Clubhouse ist eine App, die von Grund auf neu aufgebaut wurde, während Twitter auf Millionen von aktiven Nutzerinnen und Nutzern zurückgreifen kann, welche die Plattform bereits nutzen. Clubhouse hat es dennoch geschafft, in einer sehr kurzen Zeit sehr viel Aufmerksamkeit zu erregen. Um Clubhouse beitreten zu können, benötigte man anfangs eine Einladung, zu Twitter Spaces hingegen hatte jede*r Twitter-User*in automatisch Zugriff, ohne eine neue App installieren zu müssen.

Bei Twitter Spaces können die Zuhörer*innen mit Emojis auf das Gehörte reagieren, während die Clubhouse-App diese Funktion nicht anbietet. Wenn es um die Plattformen geht, variiert der Reichweitenfaktor ebenfalls ein wenig. Auf Twitter Spaces kann jede Sprecherin/jeder Sprecher oder jede Zuhörerin/jeder Zuhörer, die/der mit dem Host oder unter den Teilnehmenden kommunizieren möchte, ohne die Spaces-Sitzung zu unterbrechen, eine private Nachricht senden oder an sie twittern. Inzwischen ist auch Clubhouse mit einer Funktion nachgezogen, die es Usern ermöglicht, direkt miteinander zu kommunizieren. Außerdem gibt es andere Funktionen für den Host, zum Beispiel die Möglichkeit, jeden Tweet im Raum anzuheften, damit andere ihn sehen und sich dazu äußern können. Wenn es ein Problem mit dem Audio von Zuhörer*innen-Seite gibt, kann der Host Untertitel für die Space-Sitzung aktivieren, sodass andere Benutzer*innen eine Echtzeit-Textversion der Konversation sehen können. Eine weitere Funktion, die Twitter für das Spaces-Tool plant, ist die Funktion „schedule". Diese wird es Gastgeber*innen ermöglichen, ähnlich wie bei Clubhouse ein genaues Datum für den Space festzulegen und in ihrer Timeline zu teilen. Nutzer*innen können dann direkt auf Twitter eine Erinnerung für den Space oder die anstehende Konversation einstellen, sodass sie benachrichtigt werden, wenn die Konversation beginnt.

Wie richten Sie einen Twitter Space ein?

Wer einen Raum erstellt, hat die Kontrolle darüber, wer spricht und über welche Themen gesprochen wird. Doch wie eröffnet man einen solchen Raum? Es gibt zwei Möglichkeiten, einen Twitter Space zu eröffnen:
- Das „Tweet verfassen"-Symbol so lange drücken, bis sich eine Auswahl öffnet, in der man ein rautenförmiges Zeichen aus mehreren Kreisen sieht: Das ist das Spaces-Symbol.

Oder
- Auf das eigene Profilbild in Fleets tippen und anschließend rechts auf „Spaces" klicken.

Unabhängig davon, für welche Option Sie sich entscheiden, wird im Anschluss der Audio-Raum benannt und gestartet. Die Person, die den Twitter Space eröffnet, ist der Host und verfügt über besondere Rechte. Wenn man das erste Mal einen Space hostet oder in einem spricht, bittet Twitter um Zustimmung, dass die Rede mit Untertiteln versehen werden darf. Auf diese Weise können Benutzer*innen Live-Untertitel anzeigen, während sie einen Space hören. Als Host muss man Untertitel für das eigene Space zuerst aktivieren, was absolut empfehlenswert ist, um den eigenen Kanal für möglichst viele Zuhörer*innen zugänglich zu machen.

Sobald sich andere Teilnehmende im Raum befinden, kann der Host sie fragen, ob sie sprechen möchten. Das funktioniert über ein Symbol, das zwei Personen zeigt, oder über das Profilbild des Teilnehmenden und kann bereits im Vorfeld gezielt eingestellt werden, indem der Host aus den ihm zur Verfügung stehenden Optionen wählt (jeder darf sprechen; nur Menschen, denen man folgt, dürfen sprechen; nur Menschen, die zum Sprechen eingeladen wurden, dürfen dies auch). Zudem können Zuhörerinnen und Zuhörer umgekehrt einen Sprechwunsch äußern, erteilt und ebenso wieder entzogen werden kann dieser ausschließlich durch den Host. Derzeit sind Spaces noch für alle Twitter-Userinnen und -User zugänglich, Teilnehmende können aber vom Host aus dem Space entfernt, gemeldet oder blockiert werden.

Die Teilnahme an einem Space ist ebenso simpel wie das Eröffnen eines solchen. Wenn bei Twitter für iOS oder Android ein Nutzer, dem Sie folgen, einen Space startet oder in einem spricht, wird dieser am oberen Rand der Timeline als lilafarbene Blase angezeigt, solange der Space live ist.

Wenn mehrere Speaker zugleich in einem Space sind, erscheinen zwei oder mehr Profilbilder in der Blase. Zum Zuhören muss man auf die lila Blase klicken und dem Space beitreten. Eine weitere

Option ist die gezielte Verbreitung via Tweet. Einige Hosts geben ihren Twitter Space als separaten Tweet frei, per Klick auf „hör zu" kann man auch auf diesem Weg an dem Space teilnehmen. Außerdem hat der Host die Möglichkeit, den direkten Link zu seinem Twitter Space per Direktnachricht bei Twitter oder über einen anderen Dienst freizugeben. Wird der Link bei Twitter direkt verschickt, so besteht die Möglichkeit, über den Posteingang zuzuhören, indem man auf den „Hör zu"-Button klickt.

Ähnlich wie der Zutritt über die lila Blase am oberen Rand der Twitter-Fleet kann auch ein Zugriff zu einem Space über das Newsfeed geschehen. Ein lilafarbener Rand erscheint um ein Profil? Dann ist das ein Zeichen für einen gestarteten Twitter Space, an dem man teilnehmen kann.

Voice Transformer

Da Twitter Spaces immer beliebter wird, arbeitet das Unternehmen an neuen Möglichkeiten, um es für die Nutzer noch attraktiver zu gestalten. Zuletzt wurde eine neue Funktion eingeführt, der „Voice Transformer", der, wie der Name schon sagt, mehr Effekte bietet, um die Stimme in Echtzeit während eines Live-Spaces zu verändern. Durch den Voice Transformer kann man die Stimme auf eine neuartige Weise verändern, was aufgrund des etwas albernen Charakters mancher Effekte dazu beitragen kann, eine weniger ernste und hoffentlich einladendere Umgebung zu schaffen. Das Ziel des Voice Transformers scheint zu sein, dass sich Menschen, die einen Twitter Space starten, wohler fühlen, wenn sie etwa ihre eigene Stimme nicht mögen oder einfach schüchtern und verlegen sind, wenn sie sprechen. Jedoch auch für Menschen, die es vorziehen, auf Twitter anonym zu bleiben, kann dies eine Möglichkeit sein, ihre Stimme zu verbergen und trotzdem an Spaces teilzunehmen. Hier zeigt sich wieder der ursprüngliche Zweck der App als Kurznachrichtendienst, der es eben auch ermöglichte, in stark unterdrückenden Gesellschaften anonym politisch aktiv zu werden.

Erstmals entdeckt wurde die Funktion von der App-Forscherin Jane Manchun Wong. Die Liste der bisher verfügbaren Spracheffekte, die auf Twitter Spaces nutzbar sind, beinhaltet unter anderem: Affe, Cartoon, Helium, Inkognito, Karaoke, Mikrofon, Telefon, Stadion und Bühne. Das Starten des Transformers ist ähnlich simpel wie das Starten des Spaces selbst. Sobald man seinen Space gestartet hat, öffnet sich dieser, und im Anschluss kann über das Zauberstab-Symbol der Voice Transformer gestartet sowie die gewünschte Veränderung der eigenen Stimme vorgenommen werden. Die Handhabung ist außerordentlich benutzerfreundlich und selbsterklärend, durch das Wischen nach links können die verschiedenen Stimmveränderungen zuerst als Beispiel mit einer fremden Stimme angehört werden oder mit der eigenen Stimme getestet werden, bevor man sich für einen Effekt entscheidet.

LINKEDIN AUDIO

LinkedIn ist Business

Während Clubhouse im Ruf steht, ein Gründer- und Early-Adopter-Netzwerk zu sein, und Twitter immer noch von seinem Aktivismus-Ruf zehrt, will das 800 Millionen Mitglieder starke LinkedIn, das zu Microsoft gehört, gar nichts anderes sein als Business. Und dabei ist LinkedIn sehr erfolgreich. Seien wir ehrlich: Ohne LinkedIn-Profil geht es heute nicht mehr. Erst recht nicht als Soloselbstständiger oder als Freiberufler.

Auf LinkedIn sind sie alle: Auf LinkedIn gibt es 61 Millionen hochrangige Influencer und 65 Millionen Entscheidungsträger. Schätzungsweise 34 Prozent der jungen Millennials (19 bis 25 Jahre) und 41 Prozent der älteren Millennials (26 bis 35 Jahre), die sich auf dem Netzwerk tummeln, haben Entscheidungsverantwortung. Ganze 10 Millionen (!) C-Level-Führungskräfte sind auf LinkedIn. Eine Zahl aus den Vereinigten Staaten: 37 Prozent der US-Erwachsenen nutzen LinkedIn. Wow!

Diese Zahlen erklären, warum ich gerade diesem Netzwerk, das neben den bekannten Funktionen auch noch hervorragende Möglichkeiten zur persönlichen Weiterbildung anbietet (LinkedIn Learning), großes Potenzial für seine Social-Audio-Funktion zuschreibe.

LinkedIn ist eine professionelle Networking-Website, die Menschen dabei helfen will, geschäftliche Kontakte zu knüpfen, Erfahrungen und Lebensläufe zu teilen und Jobs zu finden. LinkedIn will, dass Sie erfolgreich in Kontakt mit anderen treten, um Business zu machen. Hier sind die Headhunter unterwegs und durchforsten gegen Lizenzgebühr die Profile. Wo, wenn nicht hier, sollten Sie aktiv werden, wenn es um Ihr Personal Branding und Ihr Reputationsmanagement geht?

Im Januar 2022 startete LinkedIn mit Audio Events in der Beta-Version. Zunächst wird nur ein ausgewählter Kreis an User*innen Live-Veranstaltungen erstellen können. Jedes Mitglied auf der Social-Audio-Plattform kann aber als Zuhörer teilnehmen und mitmachen. LinkedIn versucht, eine Creator-Community aufzubauen, und hat dafür im letzten Herbst einen 25-Millionen-Dollar-Fonds ins Leben gerufen. Laut LinkedIn-Produktmanager Jack Poses hätten 1,5 Millionen Creators Zugang zu den Live-Broadcast-Produkten. Wir können davon ausgehen, dass LinkedIn den Creator-Modus nach und nach für alle aktiven Mitglieder ausrollt. Der neue Modus soll mehr Möglichkeiten bieten, Inhalte zu veröffentlichen und Follower zu gewinnen. Erfahrungsgemäß dauert es bei LinkedIn drei bis fünf Monate, bis die Beta-Phase hinter sich gelassen wird.

Wie funktioniert LinkedIn Audio?

Im deutschsprachigen Raum dürfen bisher circa 20 Millionen Menschen in der Beta-Version Audio Events erstellen. LinkedIn fördert seine Creators nicht ohne Grund. Denn bisher erstellen nur drei Millionen Mitglieder wöchentlich eigenen Content. Das entspricht gerade mal einem Prozent der Mitgliederschaft. Die

Business-Plattform lebt aber von Beiträgen und Interaktionen. Je mehr Inhalte veröffentlicht werden, desto größer ist die Reichweite für die Plattform und die Nutzer. Prinzipiell funktionieren LinkedIn Audio Events auf die gleiche Weise wie die Clubhouse-Gesprächsrunden. Sie wurden im Januar 2020 als Beta-Version eingeführt, eine Videofunktion soll im Frühjahr folgen, wie Jake Poses im offiziellen Blog von LinkedIn mitteilt. Das Unternehmen hat sowohl berufliche als auch private Treffen im Sinn. „Solche Veranstaltungen sind seit Langem eine Möglichkeit für Fachleute, eine Gemeinschaft aufzubauen, Neues zu lernen und sich inspirieren zu lassen", sagt Poses. In diesem Sinne sollen die neuen Funktionen „virtuelle Gesprächsrunden, Kamingespräche und mehr" bieten. Aktuell können LinkedIn-Nutzer noch keine eigenen Audio Events hosten, da sich das Programm noch in der Beta-Phase befindet und nur für einige ausgewählte User in den USA und Kanada die Möglichkeit besteht, Events als Host zu starten und andere einzuladen. Die Teilnahme an einem Audio Event auf LinkedIn jedoch ist möglich und zudem simpel: Nehmen Sie einfach die Einladung des Veranstalters an, wenn Sie einen Link von einem Ihrer LinkedIn-Kontakte bekommen haben, ein Klick auf „Verbinden" bringt Sie zur Audio-Veranstaltung. Sobald Sie beigetreten sind, hat der Gastgeber die Möglichkeit, Sie auch sprechen zu lassen. Die Ersteller beziehungsweise Inhaber der LinkedIn Audio Events können grundsätzlich immer kontrollieren, wer spricht, und können Teilnehmer jederzeit stumm schalten, sollte deren Verhalten unangemessen sein. Außerdem ist die Teilnahme an einem Audio Event prinzipiell öffentlich. Ihr Profil ist also sichtbar und auch Sie können während der Veranstaltung die Profile anderer Teilnehmer einsehen und so leichter Kontakte zu engagierten Partizipierenden knüpfen.

Wie nutzt man LinkedIn Audio?
Ähnlich wie bei Podcasts sind die Themen, über die in Audio Events gesprochen wird, vielseitig und reichen von True Crime über Erziehungstipps bis zu Audio Events über Frauen in Füh-

rungspositionen. Ähnlich gestaltet sich das auch bei LinkedIn. Allerdings nutzt das Netzwerk seine internen Algorithmen, um Veranstaltungen vorzuschlagen, die auf den Personen, denen man folgt, und den Themen, die einen interessieren, basieren. Veranstaltungen können außerdem über das Suchfeld gefunden werden, indem man den Filter „Events" nutzt und dort eingibt, wonach man sucht – Personen, Themen oder Unternehmen. Die relevantesten Veranstaltungen werden in einer Liste angezeigt – um an einer Veranstaltung teilzunehmen, klickt man einfach auf die Veranstaltung und dann auf die blaue „Teilnehmen"-Schaltfläche.

Wie findet man ein Audio Event?

Die drei einfachsten Wege, ein Audio Event zu finden, um daran teilzunehmen, sind die folgenden:

Über die Suche. Man verwendet die obere Suchleiste auf der LinkedIn-Startseite und führt eine Suche nach Veranstaltungen durch, indem man den entsprechenden Filter nutzt.

Durch Einladung zu einer Veranstaltung. Die Einladungen zu Audio Events werden über die Netzwerk-Registerkarte verschickt. Im Moment kommen die Einladungen allerdings nur von Beta-Testern und sind deshalb eventuell noch etwas spärlich.

Durch Entdecken. Das kann dank eines Beitrages im Haupt-Feed, durch eine Direktnachricht oder eine Info-E-Mail über eine bevorstehende Veranstaltung geschehen. Fangen Sie also an, Leuten zu folgen, die Audio Events veranstalten, damit Sie über kommende Gelegenheiten informiert werden.

Bitte verwechseln Sie nicht das neue LinkedIn Audio mit dem bereits gut eingeführten Feature LinkedIn live. Der wichtige Unterschied zwischen diesen beiden Features ist nämlich die Möglichkeit der Interaktion der Teilnehmenden. Bei LinkedIn Audio können die Teilnehmenden ihre Hand heben, sich an der Konversation beteiligen, bei LinkedIn live wird sozusagen eine Soloshow gestreamt, zu der geladene Gäste erscheinen können. Diese Gäste werden im Voraus ausgewählt und eingeladen. Eigenen Angaben zufolge möchte LinkedIn durch Audio Events den Austausch offener gestalten und den Hosts von Live-Events mehr Werkzeuge an die Hand geben – egal ob in einer formellen Diskussion oder einem informellen Roundtable.

Was es noch so gibt und was Apple zur Revolution beitragen könnte

Clubhouse ist der prominenteste Vertreter einer neuen Art von Social Media: Social Audio! Der Unterschied zu anderen Audioformaten besteht vor allem darin, dass Clubhouse als Social-Audio-App entwickelt wurde, während Spaces und Audio Events jeweils „nur" Features einer bereits existierenden Plattform sind.

Auf jeden Fall stehen die drei Vertreter, die ich in diesem Buch genauer betrachte, stellvertretend für eine ganze Reihe – eine ganze Welle – von Neuerungen rund um Social Audio.

Facebook ist nach langer Ankündigung inzwischen mit den „Live Audio Rooms" auch in Deutschland an den Start gegangen. Konzernchef Mark Zuckerberg möchte, dass Audioprodukte im Konzern künftig dieselbe Bedeutung wie Fotos oder Videos erhalten. Passend dazu plant das Unternehmen eine Kooperation mit dem Musikstreaming-Marktführer Spotify – die dort verfügbaren Podcasts sollen dann direkt auf Facebook abgespielt werden können. Spotify selbst hat den Clubhouse-Konkurrenten Locker Room aufgekauft. Reddit, ein bekanntes und einflussreiches Onlineforum, hat ebenfalls einen Clubhouse-Konkurrenten namens Reddit Talk in Aussicht gestellt, der sich im Frühjahr 2022 noch in der Testphase befand.

Daneben gibt es zahlreiche weitere sogenannte Drop-in-Audiochats, die bereits verfügbar sind. Unter anderem sind der deutsche Clubhouse-Klon Dive zu nennen, das aus der Gaming-Szene bekannte und mit ihr groß gewordene Discord mit über 100 Millionen monatlichen Usern, die Live-Broadcasting-App Stereo, Cappuccino für audiobasierte Gruppenchats, Chalk, School Nights, Soapbox und, und, und.

Stereo

Stereo ist ebenfalls eine Live-Broadcasting-App, die schon vor Clubhouse ähnliche Funktionen anbot. Nutzer können die Plattform nach Gesprächen durchsuchen, die sie interessieren könnten. Diese werden häufig von Experten oder Prominenten zu bestimmten Themen geführt. Als Nutzer hat man die Wahl, den Gesprächen ähnlich bei wie einem Live-Podcast zu lauschen, über Instant-Sprachnachrichten daran teilzunehmen oder sogar zum Gastredner berufen zu werden. Stereo versteht sich ausdrücklich als Plattform für die Erstellung von Podcasts und entsprechend finden viele Inhalte auch ihren Weg zu Podcast-Anbietern wie Spotify oder iTunes.

Stationhead

Stationhead macht seine Nutzer nach eigenen Angaben zu Radiomoderatoren. Sie können mit bis zu vier weiteren Nutzern eine gemeinsame Sendung starten und in dieser auch Zuhörer zu Wort kommen lassen. Die App steht auch für Android-Nutzer zur Verfügung; hier können Sie aber noch keine eigene Übertragung starten, sondern nur an bestehenden Shows teilnehmen oder reinhören.

Discord

Innerhalb von fünf Jahren hat es die Gamer-App auf über 100 Millionen monatliche User gebracht. Der Dienst ist von den unterschiedlichsten Geräten und Betriebssystemen aus zugänglich und kann ohne Download direkt im Browser gestartet werden. Sie können sich mit Freunden zum Chatten (Voice oder Text) verabreden oder sich in Gruppen zu verschiedenen Themen austauschen. User können sich entscheiden, ob sie einen eigenen Server aufsetzen oder einem bereits existierenden beitreten wollen. Auch Dateien können ausgetauscht werden. Die Plattform hatte in der Vergangenheit immer wieder Probleme mit rechtsextremen User-Gruppen.

Den größten Impact auf das, was wir unter Social Audio verstehen, könnte aber ein Unternehmen haben, das selbst gar keinen Drop-in-Audiochat anbietet: Apple. Der Tech-Gigant hat nämlich Paid Podcasts vorgestellt, einen Abo-Dienst für Podcasts. Und das eröffnet völlig neue Möglichkeiten. Es war und ist für normale Anwender einigermaßen schwierig, mit Podcasts (wie mit anderem Content) Geld zu verdienen. Genau das könnte sich ändern.

Sascha Lobo, der bekannteste deutsche Blogger, schwärmt von einer Aufbruchstimmung, wie sie lange nicht bestanden habe. Er sagt eine Verschmelzung von Livestreaming und Podcasting voraus. Und er geht davon aus, dass Nutzer zukünftig bereit wären, für Audio-Inhalte zu zahlen. Warum? Weil Apple sie so erzogen hat: „Apple Music, Apple TV und der App Store haben das Publikum weltweit dazu gebracht, den Kauf von Inhalten als vollkommen normale Aktivität zu betrachten. Apple hat seine Kundenmassen also regelrecht dazu erzogen, mit ihren iPhones kostenpflichtige Klicks als Teil des digitalen Alltags zu betrachten. Und jetzt kommt eben eine neue Produktkategorie dazu." Alles, was es dann dazu braucht, um mit (seinen) Talks richtig Geld zu verdienen, ist ein Upload-Button „Session hochladen". Apple bietet Paid Podcasts erst seit Mitte Juni 2021 an. Kennzahlen zur Akzeptanz werden also sicher noch etwas auf sich warten lassen. Aber ganz ehrlich – wann hat Apple schon mal aufs falsche Pferd gesetzt?

3
Tipps für Ihren Talk

SO WERDEN SIE EIN BESSERER MODERATOR

Als begeisterter Speaker liebe ich die aktuelle Kultur auf Clubhouse und LinkedIn Audio. Lassen Sie es mich so ausdrücken: Die allgegenwärtige Facebookisierung der „Diskussionskultur" ist noch nicht bis hier vorgedrungen. Das mag auch daran liegen, dass man in Social Audios selbst das Wort ergreifen muss. Man steht tatsächlich auf einer Bühne. Und von der Bühne herunter zu pöbeln ist wesentlich schwieriger, als irgendwo einen gehässigen oder toxischen Kommentar zu hinterlassen.

Aber auch viele Menschen mit guten Absichten und werthaltigen Aussagen haben oftmals Schwierigkeiten, wenn sie das Wort ergreifen oder gar eine Diskussion leiten sollen. Ich möchte Sie als Rhetoriktrainer und begeisterter Nutzer verschiedener Social-Audio-Formate ermutigen, sich trotzdem zu trauen. Zu den Themen Redeangst und Lampenfieber finden Sie im Kapitel „Tipps für Ihren Talk" weitere Hilfe.

Nachdem ich das Thema „Moderation" bisher nur kurz angeschnitten habe, finden Sie in diesem Kapitel einen erweiterten Leitfaden, wie Sie auf inhaltlicher und struktureller Ebene Diskussionen höflich und zivil leiten können. Denn ich bin überzeugt, dass es nur durch Höflichkeit, mit Struktur und guter Vorbereitung möglich ist, tiefe, sinnvolle Gespräche zu führen. Eine gelungene Moderation ermöglicht echte Kommunikation und verhindert inhaltsleeres Gerede.

Nachdem Sie sich für Ihr Thema entschieden haben, stimmen Sie sich vor dem großen Moment mit den übrigen Sprechern ab. Sie sollten sich im Vorfeld auf einen groben Ablauf einigen. Planen Sie das Gespräch bis zu einer Woche im Voraus. Dann können Sie die übrigen Sprecher auch bitten, bei der Bewerbung des Talks zu helfen. Dinge, die Sie entscheiden müssen:

- Welches Format wählen Sie?
  - Formelle Podiumsdiskussion: Lassen Sie das Publikum während des laufenden Gesprächs an der Diskussion teilnehmen oder nur während der Fragerunde am Ende?
  - Zwanglose publikumsgesteuerte Diskussion
- Wie viele Punkte/Unterthemen sollen besprochen werden?

Wenn es so weit ist, haben Sie natürlich Ihre Hardware gecheckt und ein kurzes Eröffnungsstatement vorbereitet, um zu erklären, warum Sie diesen Raum kreiert haben, was Sie erreichen wollen und was die Zuhörer lernen oder mitnehmen können. Das Eröffnungsstatement sollte also die folgenden Punkte abdecken:

- Warum ist dieses Gespräch geplant? Was hat Sie dazu veranlasst? Gab es einen Hintergrund oder eine Geschichte?
- Das Thema selbst. Sie sollten ein wenig auf das Thema eingehen. Zu diesem Zeitpunkt hat das Publikum nur den Titel gesehen. Gibt es noch irgendwelche Details, die Sie angeben können?
- Die voraussichtliche Dauer des Gesprächs. Manche Talks auf Clubhouse dauern Stunden. Ich empfehle, Ihren Zuhörern eine Einschätzung bezüglich der Dauer zu geben.

- Die Struktur des Raums. Können die Zuhörer sofort die Hand heben? Sollen sie bis zum Ende warten?

Beispiel:

„Hallo, danke, dass Sie dabei sind. Wir sind hier, um über Meetings am Arbeitsplatz zu sprechen. Ich habe festgestellt, dass die meisten Meetings am Arbeitsplatz eine große Zeitverschwendung sind. Ich möchte diese Diskussion führen, um mich auszutauschen und zu lernen, wie man Meetings effektiv durchführt. Wir sind eine Gruppe von Kleinunternehmern, also besprechen wir Firmenmeetings, die typischerweise in kleinen Gruppen stattfinden. Ich habe dafür ungefähr eine Stunde angesetzt. Fühlen Sie sich frei, jederzeit Ihre Hand zu heben. Wir wollen ein interaktives Gespräch führen."

Stellen Sie die Sprecher kurz vor und/oder geben Sie ihnen Gelegenheit, sich selbst vorzustellen. Rufen Sie die Redner nacheinander auf, zum Beispiel mit folgenden Worten:

„Mit mir auf der Bühne ist XY, er ist YZ in einem mittelständischen IT-Unternehmen. Aber ich glaube, Michael, du kannst dich viel besser selbst vorstellen ..."

Um das Gespräch zu beginnen, stellen Sie eine offene Frage, zum Beispiel: „Lassen Sie uns jetzt einfach direkt anfangen. Ich möchte mit der Frage beginnen, ob ich der Einzige hier bin, der das Gefühl hat, dass Meetings eine Zeitverschwendung sind. Jamela, was denken Sie?"

Als Moderator müssen Sie den Rhythmus des Gesprächs kontrollieren. Wenn Sie sich unsicher fühlen, kann Ihnen eine rigide Struktur Halt geben. Mit der Zeit werden Sie sich sicherer fühlen und in eine offenere Gesprächsführung wechseln können. Jedes Gespräch sollte locker zwischen Ihnen und einem anderen Sprecher hin- und herspringen. Genau diese Unbeschwertheit herzustellen ist die Kunst großer Conférenciers. Aber das sind natürlich Profis. Erwarten Sie deshalb nicht zu viel von sich selbst. Sie müssen nicht Thomas Gottschalk sein und die Stimmung im

Clubhouse ist wie erwähnt eher empowernd. Man kann Sie nicht mit Tomaten von der Bühne jagen.

Stellen Sie sich vor, Sie werfen einen Ball zwischen sich und allen anderen Sprechern hin und her. Sie stehen auf der einen Seite des Platzes und die anderen Sprecher auf der anderen Seite. Sie werfen den Ball einem der Redner zu, indem Sie eine Leitfrage stellen, der Redner nimmt den Ball auf, indem er zu sprechen beginnt. Sobald der Redner zu Ende gesprochen hat, wirft er den Ball zu Ihnen zurück. Sie erhalten so wieder die Möglichkeit, den Ball in verschiedene Richtungen zu spielen:

- Das Gespräch auf demselben Punkt halten – das Thema vertiefen
- Einen neuen Gesichtspunkt ins Spiel bringen
- Zu einem neuen Sprecher/Zuhörer wechseln – den Gesichtspunkt aus anderer Perspektive betrachten lassen
- Zurücksetzen/Aufforderung zum Handeln

Die erste Möglichkeit, auf einen Redner zu reagieren, besteht darin, einen allgemeinen Kommentar abzugeben oder eine Folgefrage zu stellen. Ihr Ziel ist es, das Gespräch in dieselbe allgemeine Richtung zu lenken.

„Das ist ein guter Punkt, Jamela. Wir haben das Problem ja auch in unserer Firma. Hat noch jemand eine ähnliche Erfahrung gemacht?"

Sie können auch versuchen, die wichtigsten Punkte der Aussage schnell zusammenzufassen. Achten Sie darauf, nicht die Aussage nochmals komplett zu wiederholen. An diesem Punkt sehen Sie, wie nützlich es ist, sich während des Gesprächs Notizen zu machen.

„Genau. Das, worüber Jamela gerade gesprochen hat, ist die Wichtigkeit des Agenda Setting. Ohne eine gute Agenda neigen Meetings dazu, komplett auszuufern und am Ende die Zeit für alle zu verschwenden."

Sie können den obigen Punkt auch in eine Frage verpacken: „Habe ich dich richtig verstanden, dass aus deiner Sicht das Wichtigste ein klares Agenda Setting ist, um zu verhindern, dass Meetings ausufern?"

Sie können dann eine Folgefrage stellen, die sich auf die Kernaussage bezieht.

„Wie setzt man also am besten eine Tagesordnung fest? Stefan, wie macht ihr das?"

An einem bestimmten Punkt möchten Sie das Gespräch weiterführen. Schließlich haben Sie im Vorfeld ja Ihre Themen festgelegt. Sagen Sie einfach, dass Sie jetzt die Richtung des Gesprächs ändern möchten.

„Okay, gehen wir vielleicht einen Schritt weiter. Lassen Sie uns darüber diskutieren, wie lange Meetings dauern sollten. Reichen 15 Minuten für ein Meeting? Oder reicht eine Stunde? Möchte sich jemand dazu äußern?"

Mit dieser Formulierung lenken Sie jedoch nicht nur das Gespräch in eine andere Richtung, sondern öffnen die Diskussion auch für jeden, der etwas sagen möchte. Sie sollten bereit sein, einzuspringen, wenn sich an dieser Stelle innerhalb weniger Sekunden niemand meldet. Spielen Sie den Ball dann gezielt einem bestimmten Sprecher zu:

„Irgendjemand? Michael, was denkst du? Ist eine Stunde für Meetings zu lang?"

Wenn Sie das Gespräch zwischen verschiedenen Sprechern hin- und herspringen lassen, achten Sie darauf, dass Sie den Sprechern gleiche Redemöglichkeiten einräumen. Vor allem Ihren Co-Gastgebern. Geben Sie ihnen Zeit, sich einzubringen.

„Stefan, dir brennt an dieser Stelle etwas unter den Nägeln? Ich sehe, dass du die Stummschaltung aufgehoben hast."

Einer der besten Wege, im Social-Audio-Raum Interaktion zwischen Rednern und Publikum zu schaffen, ist, das Publikum auf die Bühne zu holen, wenn es die Hand hebt. Beginnen Sie also damit, das Publikum aufzurufen:

„Wenn Sie etwas mitteilen oder eine Frage stellen möchten, heben Sie bitte die Hand." Normalerweise heben die Leute ihre Hände, wenn ein Redner spricht. Sie können sie auf die Bühne lassen. Wenn sie die Bühne betreten, werden ihre Mikrofone automatisch freigeschaltet. Die meisten Leute sind so höflich, sich stumm zu schalten, während andere sprechen. Wenn sie das nicht tun, können Sie sie als Moderator stumm schalten.

Sobald Sie ein Publikum auf der Bühne haben, haben Sie außerdem eine neue Gruppe von Leuten, denen Sie den Rednerball zuwerfen können. Wenn ein Redner mit dem Sprechen fertig ist, können Sie einen der Zuhörer auffordern, mit seinem Beitrag zu beginnen oder seine Fragen zu stellen.

Sie sollten die Zuhörer nacheinander aufrufen. Kündigen Sie einfach an, wer an der Reihe ist, zu sprechen:
„Als Nächstes haben wir Kristina. Hallo, Kristina, du bist dran. Wir sind gespannt auf deinen Beitrag oder deine Frage."

Am Ende des Publikumsbeitrags sollten Sie wiederum einen kurzen Kommentar abgeben und die anderen Co-Moderatoren auffordern, Feedback zu geben. Wenn aus dem Publikum eine Frage gestellt wurde, können Sie selbst antworten oder einen oder mehrere Co-Moderatoren bitten, zu antworten.

Sie können sich aussuchen, ob Sie das Publikum auf der Bühne behalten oder zurück in die Publikumsliste verschieben. Bei sehr vielen Menschen auf der Bühne wird der Raum für das Publikum allerdings schnell unübersichtlich.

Da in Social Audio Personen jederzeit in den Raum kommen und ihn wieder verlassen können, waren naturgemäß nicht alle im Raum, als Sie das Thema zu Beginn eingeführt haben. Daher ist es wichtig, den Raum in regelmäßigen Abständen „zurückzusetzen".

Das Zurücksetzen des Raums ist wie das erneute Eröffnen des Gesprächs. Ihr Zurücksetzen sollte Folgendes umfassen:

- Eine kurze Version des Eröffnungsstatements
- Eine Wiederholung der letzten Punkte der Diskussion

Bitten Sie die neuen Zuhörer, sich an der Diskussion zu beteiligen.

„Wenn Sie gerade erst dazugekommen sind, wir sprechen heute über Meetings am Arbeitsplatz. Stefan hat gerade tolle Tipps gegeben, wie Sie Ihre Meetings effektiv strukturieren können. Bitte heben Sie die Hand, wenn Sie sich beteiligen oder Fragen stellen möchten."

WENN ETWAS AUS DEM RUDER LÄUFT

Für einen Moderator zählt es zu seinen wichtigsten Aufgaben dafür zu sorgen, dass Redner und Zuhörer eine gute Zeit verbringen und ein sinnvolles Gespräch führen. Wenn sich jemand nicht benimmt, können und müssen Sie von Ihrem Recht Gebrauch machen, die Situation in die richtigen Wege zu leiten. Insbesondere wenn Leute durcheinanderreden, sollten Sie sie stumm schalten.

„Michael, es tut mir leid, aber ich habe dich stumm geschaltet. Es hilft niemandem, wenn man sich gegenseitig unterbricht oder dazwischenredet."

Wenn die Situation eskaliert, sollten Sie die entsprechende Person von der Bühne entfernen, indem Sie den Talk beenden und ihr durch Call to Action eine deutliche Aufforderung geben.

Wenn Sie ein gutes Gespräch führen, vergeht die Zeit wie im Flug. Das gilt natürlich auch im Clubhouse. Es ist deshalb wichtig, dass Sie Ihr Zeitmanagement im Auge behalten. 10 bis 15 Minuten vorher sollten Sie darüber informieren, dass das Gespräch gleich zu Ende ist. Sie können ankündigen, dass noch zwei oder drei Fragen beantwortet werden können. Lassen Sie etwa fünf Minuten Zeit, um das Gespräch tatsächlich zu beenden.

Auch wenn Sie ein lockeres Gespräch mit zeitlich offenem Ende führen, möchten Sie es vielleicht trotzdem irgendwann beenden, weil Sie etwas essen wollen oder zur Toilette müssen. Oder weil Ihre Familie Sie auch gern einmal wiedersehen möchte. Sie können die Sprecher fragen, wie lange das Gespräch ihrer Meinung nach dauern soll, und an diesem Punkt eine Endzeit festlegen.

„In Ordnung, Leute, ich liebe dieses Gespräch. Aber wir reden jetzt schon seit mehr als zwei Stunden. Wie lange wollt ihr noch weitermachen? Mein Vorschlag ist, dass wir in 15 Minuten aufhören."

Gegen Ende des Gesprächs sollten Sie einen klaren Handlungsaufruf starten:

„Folgen Sie den Sprechern und sich gegenseitig in den sozialen Medien."

„Wenn noch Fragen offen sind, können Sie mich über mein Insta-Profil oder über die Kontaktmöglichkeiten auf meiner Website erreichen."

„Wenn Ihnen die Lesung gefallen hat, finden Sie mehr von meiner Arbeit auf XY. Sie können mein Buch kaufen oder mich auf Patreon unterstützen."

Wenn Sie das Gespräch formell schließen, fragen Sie, ob einer Ihrer Co-Moderatoren einen abschließenden Kommentar abgeben möchte.

„Ich hoffe, Sie haben heute genauso viel gelernt wie ich. Möchte noch eine*r unserer Sprecher*innen ein Schlusswort sprechen?"

„Ich hoffe, Sie haben heute genauso viel gelernt wie ich. Stefan, welchen abschließenden Gedanken möchtest du noch äußern?"

So erlauben Sie Ihren Co-Moderatoren, etwas persönliche Werbung zu machen, zum Beispiel, wie man mit ihnen in Verbindung treten kann.

Danach verabschieden Sie sich, wischen sich den Schweiß von der Stirn und klopfen sich auf die Schulter. Sie haben es (fast) geschafft. Holen Sie im Anschluss – das muss nicht sofort sein – Feedback von Ihren Co-Moderator*innen und Sprecher*innen ein. Es hilft Ihnen, beim nächsten Mal noch besser zu werden.

Denken Sie daran: Die Begrüßung und die Verabschiedung sind das A und O Ihres Auftritts und müssen deshalb sitzen. Bei Social Audio kommt es darauf an, schnell in eine Diskussion einzusteigen und die richtigen Worte zu finden.

REDEANGST UND LAMPENFIEBER

Redeangst und Lampenfieber sind zwei unangenehme Hemmnisse, die nicht nur für die effektive Nutzung der Clubhouse-App ungünstig sind. Wer etwas zu sagen hat, sollte reden können. Und das gilt natürlich in vielen anderen Situationen im Leben – nicht nur in dieser audiobasierten App. Zum Beispiel, wenn Sie auf Familienfeiern oder im Verein eine Rede halten müssen, und selbstverständlich in unzähligen Situationen im Berufsleben. Aber während Ihre missglückte Rede an Onkel Willis 65. Geburtstag vielleicht noch viele Jahre für wohlwollendes oder amüsiertes Schmunzeln sorgt, ist eine missglückte Präsentation vor der Geschäftsführung womöglich das Aus für Ihre weitere Karriere.

Insbesondere wenn Sie häufig in die Situation kommen, reden zu müssen, überzeugen zu müssen oder mit Worten führen zu müssen, empfehle ich ein professionelles Coaching.

Im Folgenden finden Sie Tipps und Hilfen für den grundsätzlichen Umgang mit Redeangst und Lampenfieber. Im Anschluss verrate ich Ihnen, wie Sie Texte und Notizen so vorbereiten, dass Sie nicht nur in Social-Audio-Räumen höchste Wirksamkeit erzielen.

Das Wichtigste, was Sie über Lampenfieber wissen sollten, ist, dass es okay ist, Lampenfieber zu haben. Einer der größten deutschen Entertainer – der tragische Harald Juhnke – hat den Ausspruch geprägt: „Lampenfieber ist der Respekt vor dem Publikum." Und aus diesem Blickwinkel können wir Lampenfieber auch einfach akzeptieren. Es zu haben ist nichts Außergewöhnliches und nichts Schlimmes. Aber es ist eben manchmal unangenehm und es gibt Methoden, es zu senken.

Physiologische Stressreduktion

Lampenfieber ist Stress. Stress ist Angst vor gefühltem oder realem Kontrollverlust. Deshalb geht es darum, diesen Stress auf ein beherrschbares Maß zu senken, bevor er uns beherrscht. Der Unternehmer, Trainer und Neurowissenschaftler Dr. Frederik Hümmeke – übrigens regelmäßiger Gast in meinem Expertentalk im Clubhouse – gibt in seinem Buch „Handling SHIT" zwei Tipps, die Ihnen helfen werden, Ihren situativen Stress sofort zu reduzieren. Das Tolle an diesen beiden Tipps ist, dass sie funktionieren, ohne dass Sie an die Wirksamkeit glauben müssen. Sie basieren auf physiologischen Effekten und funktionieren *immer*.

1 Labeling: Machen Sie sich zunächst bewusst, welche Emotionen und Reaktionen Sie in einer Stresssituation verspüren. Denn Menschen empfinden eine Stressreaktion wie Lampenfieber individuell sehr unterschiedlich. Der eine spürt ein Kribbeln, dem anderen krampft es den Magen zusammen. Manche fangen an zu schwitzen oder die Beine fangen an zu zittern. Wenn Sie Ihre spezifische Reaktion spüren, sollten Sie bewusst die Außensicht suchen und sich in Ihrer Reaktion beobachten. Sagen Sie dann ruhig zu sich: „Oh, schau mal an. Eine Stressreaktion." Es ist erwiesen, dass Sie in dem Augenblick, in dem Sie Ihre Stresssituation als solche benennen, den Stress bereits um bis zu 30 Prozent reduzieren.

Dieser erstaunliche Effekt ist neurowissenschaftlich betrachtet hochkomplex, aber leicht erklärlich, wenn Sie sich daran erinnern, dass Stress als wahrgenommener Kontrollverlust definiert werden kann. Der Stress wird größer, wenn Sie das Gefühl haben, die Kontrolle zu verlieren. Die Erkenntnis der eigenen körperlichen Reaktion als Stressreaktion ist jedoch in sich selbst ein Schritt zurück zur Kontrolle. Allein das Wissen, dass Sie gerade eine Stressreaktion haben, zwingt den Körper, diese Stressreaktion zurückzufahren.

2 Reappraisal: Bewerten Sie die Situation neu, nämlich positiv. Auch wenn Sie Ihre Stressreaktion im ersten Schritt als solche benannt haben, registrieren Sie die Reaktionen Ihres Körpers typischerweise als negativ. Stress haben wir schließlich genau dann, wenn es für uns in irgendeiner Form unangenehm wird. Die negative Bewertung der Stressreaktion wiederum erhöht in einer Art Kreislaufreaktion den Stress. Typischerweise fragen Sie sich, was Sie jetzt dagegen tun könnten, ob die anderen Ihnen den Stress ansehen, und wünschen sich, dass das Ganze schnell vorbeigeht. Um diesen unerwünschten Effekt zu vermeiden, müssen Sie Ihre Reaktion umbewerten und Ihr Empfinden ins Positive verkehren. Sie registrieren Ihre Stressreaktionen als solche und sagen sich: „Mensch, toll, eine Stressreaktion."

Sich diesen kleinen Satz (oder eine ähnliche positive Formulierung) vorzusagen hilft wirklich. In unserem Gehirn gibt es das sogenannte limbische System. In diesem stammesgeschichtlich uralten Teil des Gehirns sitzt ganz vereinfacht gesagt das Stresssystem, aber auch das Belohnungssystem. Diese beiden Systeme funktionieren wie eine Wippe. Sie können gestresst sein, dann verspüren Sie keine Belohnung. Sie können sich belohnt fühlen, dann sind Sie nicht gestresst. Stress und Belohnung stehen antagonistisch zueinander. Im Moment einer Stressreaktion schlägt das System aus. Der Stresspegel schnellt hoch, der Belohnungspegel sinkt ab. Und das damit verbundene Gefühl ist richtig unangenehm. Wir können aber das Belohnungssystem durch eine positive Bewertung bewusst aktivieren: „Mensch, toll, eine Stressreaktion." Durch diese positive Aussage wird das Stresssystem um bis zu 40 weitere Prozent heruntergefahren. Auch dieser Effekt ist eine physiologische Notwendigkeit. Das heißt, er funktioniert, ohne dass Sie daran glauben müssen.

Wenn Sie Zweifel an der Wirksamkeit haben, dann versuchen Sie doch mal, nicht daran zu denken, dass gerade ein kleiner rosa Elefant über die Seiten dieses Buches spaziert. Stellen Sie sich jetzt bitte auf keinen Fall einen kleinen rosa Elefanten vor, der über die Seiten dieses Buches trippelt. Denken Sie unter keinen Umständen an den kleinen rosa Elefanten. Wie sehr Sie sich auch bemühen, es wird Ihnen unmöglich sein, nicht an den Elefanten zu denken, denn Ihr limbisches System verarbeitet das Wort „nicht" auf eine spezielle Weise: Es aktiviert das neuronale Netzwerk für „nicht" UND das neuronale Netzwerk für „Elefant". Und damit ist der Gedanke im Kopf. Der Effekt ist der gleiche, wenn Sie sich sagen: „Wow, eine tolle Chance!" An Chancen zu denken hängt am Belohnungssystem, im limbischen System springt sofort die Abteilung Belohnung an. Ihr mentales „glaube ich nicht" hat gegen diesen physiologischen Effekt keine Chance.[3]

Aus unserem Lampenfieber können wir jede Menge weitere Energie ziehen. Die Methode, die ich Ihnen empfehle, ist die der Selbstbejahung. Wenn Sie sich gut und ausreichend vorbereitet haben – was Grundvoraussetzung jeder guten Rede ist –, machen Sie sich bewusst, wie gut Sie über das Redethema Bescheid wissen. Sagen Sie sich das ruhig gedanklich immer wieder vor. Diese Selbstbejahung führt dazu, dass die Synapsen in Ihrem Kopf die richtigen Schaltwege einlegen und den Weg zum *Ja* freimachen. Die Selbstbejahung wirkt vielleicht zunächst ungewohnt oder gar albern, wird jedoch unter anderem von zahlreichen Profisportlern angewandt.

Im heutigen Spitzensport ist es mittlerweile Routine, mit Mentaltechniken zu arbeiten, die der Selbstbejahung sehr ähnlich sind. Wir kennen ihn alle, diesen einen Fußballstürmer, der schon lange kein Tor mehr erzielen konnte. Bereits beim Betreten des Platzes signalisiert seine Körpersprache mit gesenktem Kopf und heruntergezogenen Mundwinkeln, dass die gegnerische Mannschaft in seiner jetzigen Verfassung kaum Angst vor ihm haben muss. Diese Körpersprache ist nicht die eines Siegers, eines Machers, eines gefährlichen Torjägers. Wir sehen dies häufig bei Sportlern, die eine längere Flaute haben. Die Aufgabe eines Mentaltrainers ist es nun, zusammen mit dem Stürmer dessen Selbstvertrauen wieder zu stärken. Beispielsweise wird er ihm Videoausschnitte von Phasen zeigen, in denen es besonders gut lief, in denen er quasi jeden und selbst den unmöglichsten Ball eiskalt verwandelte. Der Mentaltrainer wird den Stürmer fragen, wie es sich damals angefühlt hat und mit welcher Einstellung er den Platz betrat. Er wird ihn zur Erkenntnis bringen, dass er es im Grunde genommen kann. In seinen erfolgreichsten Zeiten konnten wir dies vor allem beim ruhmreichen FC Barcelona beobachten. Dort sahen wir elf Spieler mit geradem Rücken, breitem Kreuz und einem nahezu süffisanten Lächeln im Gesicht den Rasen betreten. Sie schäumten vor Selbstvertrauen und strahlten dieses Selbstvertrauen auch aus. Und das können Sie ebenso!

Unsere Körpersprache ist enorm wichtig. Sie hat einen hohen Einfluss auf unseren Geist. In meinem Beispiel habe ich diese Methode nun grob vereinfacht dargestellt. Sicherlich werden Stürmer und Mentaltrainer deutlich konzentrierter, intensiver und strukturierter an derartigen Motivationsproblemen arbeiten. Eine wichtige Grundlage dafür ist jedoch die Methode der Selbstbejahung.

Lernen Sie von diesen Profis in Bezug auf positives Visualisieren, nehmen Sie diese Tricks und Tipps mit und machen Sie dasselbe vor Ihrer nächsten Redeaufgabe. Wenn es das erste Mal ist, dass Sie eine Rede vor einem fremden Publikum halten müssen, erinnern Sie sich an Situationen, in denen Sie Ihren Standpunkt gut vertreten haben, und wenn es nur in einer Diskussion war. Erinnern Sie sich an diese Situation zurück und denken Sie daran, wie Sie sich gefühlt haben. Bewusst oder unbewusst werden Sie feststellen, dass Sie selbstverständlich dazu in der Lage sind, einige Sätze hintereinander unfallfrei vor Publikum zu formulieren.

BEWÄHRTE ATEMTECHNIK FÜR BESSEREN KLANG

Wer schon bei mir in einem Seminar war, weiß, dass ich den Tipp gebe, auf dem Weg zum Mikrofon in der Mitte der Bühne einmal alles an alter Luft rauslassen, richtig tief auszuatmen. Das Einatmen machen Sie ganz von alleine, keine Sorge, das ist ein Überlebensreflex. Wenn dann der Sauerstoff in die Lunge kommt und von dort ins Blut und direkt ins Hirn, dann werden die Synapsen regelrecht angeschmissen. Und trotz des revitalisierenden Effekts können wir Atmung auch nutzen, um unseren Puls runterzubringen.

Der folgende Tipp stammt von Dr. Stefan Frädrich, und ich habe ihn selbst ausprobiert. Vor meinem Jungfernvortrag im berühmten Club 55. In diesem Club sitzen die 55 besten Expertinnen und Experten Europas zu den Themenbereichen Marketing, Kommunikation, Persönlichkeitsentwicklung und Vertrieb. Viele von ihnen sind meine persönlichen Vorbilder, deren Bücher ich zu Hause habe und vor denen ich nun sprechen und mich als Experte beweisen sollte. Ich hatte also – obwohl ich eigentlich alle Lampenfiebermittel kannte – trotzdem ausgeprägtes Lampenfieber. Und dann kam Stefan zu mir und sagte: „Du, ruhig ein- und ausatmen und dann im Atemtempo ruhig über die Füße rollen." Und ich merkte wirklich innerhalb weniger Sekunden, wie mein Puls runterging. Wenn Sie also „Puls haben", sollten Sie diesen Tipp beherzigen. Er funktioniert auch im Sitzen.

Atmen hilft uns nicht nur, unseren Puls zu beruhigen, sondern unsere Atmung hat zudem großen Einfluss auf den Klang unserer Stimme. Gerade auf Clubhouse, wo unsere Stimme unser mächtigstes Werkzeug ist und wir unsere Ausstrahlung nicht auf Gestik oder Mimik stützen können, ist die korrekte Atmung von extremer Bedeutung.

Unsere Sprache wird auch als „Klang der Seele" bezeichnet, denn durch sie transportieren wir zahlreiche Emotionen. Unsere Sprechtechnik hat enormen Einfluss darauf, wie wir von anderen wahrgenommen werden. Atemnot, zittrige Stimme, ein trockener Mund oder der berühmte Frosch im Hals sind Merkmale, die sich negativ auf unseren Sprachklang auswirken.

Um die Stimme optimal einzusetzen, spielt die richtige Atmung eine enorme Rolle. Sie versorgt uns nicht nur mit dem nötigen Sauerstoff, sondern ist der Motor unserer Stimme. Reden ist im Grunde nichts anderes als tönendes Ausatmen. Dabei ist Atmung ein instinktiv ablaufender Prozess, den wir nicht bewusst steuern müssen. Wir können ihn aber trotzdem beeinflussen. Atmen wir ein, füllt sich unsere Lunge mit Luft. Sie dehnt sich aus, was durch Zwerchfell und Zwischenrippenmuskulatur unterstützt wird. Unser Körper ist in diesem Moment angespannt. Wenn wir ausatmen, entspannt sich die Atemmuskulatur wieder. Ein weitverbreiteter Ratschlag, um in Drucksituationen zu bestehen, ist es, tief Luft zu holen. Denn das soll entspannend wirken. Tatsächlich ist genau das Gegenteil der Fall. Tief einzuatmen führt vielmehr zu Verkrampfung als zu Entspannung. Stellen Sie sich die Lunge wie einen Schwamm vor. Sie ist im gesunden Zustand flexibel und möchte immer wieder in ihren Ausgangszustand zurückkehren. Das geschieht jedoch nicht, wenn wir nur einatmen. Der wichtigste Aspekt beim Einatmen ist daher das Ausatmen! Fakt ist: Tiefes Ausatmen entspannt uns. Statt „tief einzuatmen" müssen wir „tief durchatmen". Monika Hein, eine bekannte Sprech- und Stimmtrainerin, veranschaulicht diesen Prozess mit einem Seufzer, den wir nach angespannter Situation von uns geben. Genau in diesem Moment wird Druck von der Lunge genommen, wodurch sie wieder in ihren Ausgangszustand zurückkehrt.[4]

Beim Atmen wird die Flach- (auch Brustatmung) von der Tiefatmung unterschieden. Erstere tritt vor allem in Angst- und Stresssituationen auf. Wir atmen flach und schnell, weil unser Körper unser archaisches „Fluchtprogramm" aktiviert hat. In diesem Zustand findet der Sauerstoffaustausch lediglich im Brustbereich statt, was zur Folge hat, dass unsere Lunge im unteren Teil nicht genutzt wird. Viel effektiver beim Reden ist die Tiefatmung, da bei ihr zusätzlich das Zwerchfell zum Einsatz kommt und dadurch nahezu das komplette Lungenvolumen genutzt wird.

Während Kinder noch eine ganz natürliche Tiefatmung haben, atmen Erwachsene hauptsächlich flach. Nicht nur in Stresssituationen haben wir es verlernt, richtig zu atmen. Die Gründe dafür liegen an Gepflogenheiten wie ständigem angespanntem Sitzen oder auch enger Kleidung. Zusätzlich negativ wirkt sich unser Schönheitsideal des flachen Bauchs aus. Viel zu oft im Alltag ziehen wir ihn ein, um einen Bauchansatz zu kaschieren. Vor allem in Sprechsituationen unter Druck macht sich die falsche Atmung bemerkbar. Unsere Stimme hört sich gequetscht an oder überschlägt sich. Energiegeladen und dynamisch klingt anders. Wir können aber immer und in jedem Alter an unserer Atmung arbeiten, bis der Prozess irgendwann wieder unbewusst abläuft.

Ich empfehle jedem, der an seiner Atemtechnik arbeiten möchte, eine Übung, die ich von meinem Ausbilder Dr. Rolf H. Ruhleder übernommen habe, die er wiederum beim Jesuitenpater Hänsli gelernt hat. Führen Sie diese Übung an der frischen Luft aus.

1   Stehen Sie aufrecht.
2   Legen Sie Ihre Hände seitlich auf den Bauch.
3   Atmen Sie tief durch die Nase ein.
4   Nehmen Sie nun die Arme über den Kopf.
5   Gehen Sie jetzt mit Schwung in die Hocke und nehmen Sie dabei die Arme mit.
6   Atmen Sie dabei tief durch den Mund aus.

LAUTSTÄRKE UND MODULATION

Erinnern Sie sich noch an Ihre Lehrer in der Schule oder Ihre Dozenten an der Universität? Am besten in Erinnerung bleiben diejenigen, die uns gute Geschichten präsentiert haben. Sie hatten diese Geschichten nicht nur parat, sondern waren auch fähig, sie gut moduliert vorzutragen. Stimmmodulation heißt, dass Sie Ihre Stimme gezielt zur Unterstreichung Ihrer Aussagen einsetzen, indem Sie also einmal lauter oder leiser, höher oder tiefer sprechen und an geeigneten Stellen Pausen machen. Gute Modulation ist das Gegenteil des berüchtigten „Runterleierns".

Sprechen wir laut oder leise, schnell oder langsam? Wann heben wir die Stimme und wann senken wir sie? Durch Lautstärke und Modulation können wir Satzzeichen hörbar machen und sogar gendern, indem wir durch eine kurze Pause Zuhörer*innen ansprechen.

Ein guter Redner moduliert seinen Sprechton bei einem normalen Satzende nach unten. Bei einer Aussage bleibt er mit dem Ton darauf, bei einer Frage moduliert er nach oben. Ungeübte Redner bringen dies oft durcheinander. Zahlreiche meiner Seminarteilnehmer machen den rhetorischen Fehler, dass sie am Ende eines Satzes nach oben modulieren. Die Ursache dafür ist zumeist in ihrer Nervosität begründet, die sich ebenfalls auf die Lautstärke ihrer Rede auswirkt.

Wer unsicher ist, spricht leise. In diesem Fall können Sie Ihre Rede noch so professionell vorbereitet haben, Sie werden mit Ihren Inhalten nicht überzeugen können. Wer mit einer starken, gut vernehmlichen Stimme präsentiert, wirkt sicher, wodurch seine Worte glaubhafter werden. Selbst dann, wenn der Gehalt seiner Rede schwächelt. Automatisch nehmen wir ihm ab, dass er hinter dem steht, was er sagt. Achten Sie also unbedingt darauf, mit kräftiger Stimme zu sprechen.

Anfänger beziehungsweise ungeübte Redner, die besonders auf diesen Aspekt achten wollen, neigen zur Übertreibung. Dann wird

KLAR UND DEUTLICH UND LAUT GESPROCHEN, DAZU AUCH NOCH ÜBERARTIKULIERT. Insbesondere in deutschsprachigen Kulturkreisen ist dies nicht die beste Variante.

Suchen und finden Sie eine angenehme Stimmlage und dazu die richtige Lautstärke. Eine Methode ist, sich entspannt auf einen Stuhl zu setzen und dabei einen Ton zu summen, der ganz wie von selbst herauskommt. Fühlen Sie in sich hinein und achten Sie darauf, ob Sie diesen Ton ohne Anstrengung über längere Zeit halten können. Haben Sie diesen Ton gefunden, nutzen Sie ihn als Basis, auf die Sie jederzeit zurückkommen können, auch wenn Sie beim Sprechen mal in die Höhe oder Tiefe modulieren.

Einer meiner Lieblingsredner ist Richard Paterson. Sie können ihn gern mal googeln. Er ist Whisky-Experte und das Thema Whisky ist eines meiner Hobbys neben Social Audio. Obwohl er in einer Fremdsprache, nämlich Englisch, spricht, ist es mir immer leichtgefallen, seinen Vorträgen zuzuhören. Als internationaler Redner weiß er, dass nicht jeder seiner Zuhörer fantastisch Englisch versteht und schon gar nicht mit einem anstrengenden schottischen Akzent. Das führt dazu, dass er seine Anekdoten sehr prononciert, klar und eher langsam in einem ziemlich einfachen Englisch zum Besten gibt. Unter den internationalen Rednern ist er der beste, den ich je kennengelernt habe.

Spielen Sie mit Höhen und Tiefen in Ihrem Vortrag. Machen Sie Pausen zwischendrin, das macht Eindruck. Demjenigen, der in der Lage ist, die Highlights seines Vortrags auch stimmlich hervorzuheben, hören wir gern zu. Der Vortrag wird dadurch lebendiger. Automatisch wirkt der Redner sicher auf sein Publikum.

Falls Sie jemand sind, der im normalen Leben etwas schneller spricht, dann dürfen Sie es auf der Bühne auch. Aber lassen Sie sich Rückmeldung geben, ob Sie immer noch verständlich sind oder tatsächlich zu schnell, sodass es unverständlich wird. Sollten Sie generell mit Ihrer Stimme unzufrieden sein, kommen Sie um ein Stimm- und Sprechtraining nicht herum. Ein Sprechtrainer kann in kurzer Zeit viel bewegen. Durch ihn lernen Sie, sich gezielter auszudrücken.

Und noch etwas ist wichtig: Ein Lächeln ist hörbar.

WAS IHRE STIMME VERRÄT

Der Klang Ihrer Stimme hängt unter anderem von der Anatomie Ihres Kehlkopfes ab. Ein Ton entsteht, wenn die Luft aus der Lunge durch die Luftröhre zum Kehlkopf und von dort durch den Rachen zum Hals strömt: Die Stimmbänder beginnen zu vibrieren. Je nach Spannung der Stimmbänder schwingen diese schneller oder langsamer, sodass der Ton höher oder tiefer ist. Bei Männern ist der Kehlkopf größer als bei Frauen, die Stimmbänder sind länger, sie schwingen langsamer und der Ton ist tiefer. Die Grundfrequenz – die Tonhöhe – der Männerstimme liegt im Durchschnitt bei 120 bis 130 Hertz. Frauen sprechen mit einer viel höheren Frequenz, im Durchschnitt zwischen 200 und 220 Hertz. Dadurch lässt sich das Geschlecht einer Stimme relativ einfach und zuverlässig bestimmen. Dies ist jedoch bei Weitem nicht die ganze Geschichte. Seien Sie gespannt auf die intimen Details, die sich in Ihrer Stimme verbergen.

Die Stimme eines jeden Menschen ist sehr individuell. Deshalb können wir vertraute Stimmen schon nach wenigen Silben direkt erkennen. Neben der Identifizierung oder Wiedererkennung einer Person lassen sich noch viele weitere Informationen aus der Stimme und der besonderen Art zu sprechen gewinnen. Neben Alter und Geschlecht werden auch Bildungsstand, regionale und soziale Herkunft, Gesundheitszustand und aktuelle Befindlichkeit relativ sicher erkannt.

Schon beim ersten Hören von Stimme und Sprechweise erhalten wir einen relativ differenzierten Eindruck von einem Menschen. Es ist sogar möglich, zumindest teilweise, auf die Persönlichkeit zu schließen. Mindestens zwei wichtige Persönlichkeitsdimensionen können mit hinreichender Wahrscheinlichkeit anhand der Stimme beurteilt werden: Extraversion und emotionale Stabilität. Beide Dimensionen sind umso stärker, je tiefer die Stimme ist. Bei einem weiteren Merkmal, der Zuverlässigkeit, sind sich die meisten Hörer in ihrer Einschätzung zumindest ziemlich einig: Männer mit tieferen Stimmen werden als zuverlässiger wahrgenommen.

Infolgedessen wird Männern mit einer tieferen Stimme mehr Vertrauen entgegengebracht und sie werden allgemein als kompetenter wahrgenommen. Aber Vorsicht: Es gibt keinen Zusammenhang zwischen Tonfall und Aufrichtigkeit und schon gar nicht mit Kompetenz!

Die Psychologin Julia Stern und ihr Team analysierten die Daten von mehr als 2.000 Probanden: „Wir fanden heraus, dass es tatsächlich einen Zusammenhang zwischen verschiedenen Persönlichkeitsmerkmalen und der Tiefe der Stimme gibt. Menschen mit tieferen Stimmen neigen dazu, extrovertierter und dominanter zu sein und sind eher an kurzfristigen romantischen Beziehungen interessiert."

Männer mit einer tieferen Stimme haben jedoch auch mehr Chancen dazu. Über viele verschiedene Kulturen hinweg finden Frauen die tiefen Stimmen der Männer attraktiver, während Männer die hohen Stimmen der Frauen mögen. Dies lässt sich evolutionsbiologisch erklären: Tiefere Männerstimmen deuten auf einen höheren Testosteronspiegel hin. Dies wiederum ist mit günstigen Eigenschaften wie Dominanz, Körperkraft und Gesundheit verbunden.

Bei Frauen kann der Tonfall der Stimme als Indikator für den Östrogenspiegel verwendet werden. Dieser steigt während des Eisprungs und gleichzeitig wird die Stimme höher. Nach dem Eisprung sinkt der Östrogenspiegel wieder, und auch die Stimmhöhe nimmt leicht ab. Dies ist der Grund, warum Männer Frauenstimmen während des Eisprungs attraktiver und während der Menstruation weniger attraktiv finden. Mit anderen Worten: Tiefe Stimmen bei Männern und hohe Stimmen bei Frauen signalisieren möglichen Fortpflanzungserfolg.

Wenn eine Stimme für uns attraktiv klingt, neigen wir außerdem dazu, sie mit einem attraktiven Gesicht zu assoziieren. Und nicht nur das. Menschen mit attraktiven Stimmen werden auch mit anderen guten Eigenschaften in Verbindung gebracht: Sie wirken stark und selbstbewusst, intelligent, freundlich, emotional stabil und sozial kompetent.

Diese Zuschreibungen beruhen auf dem „vocal attractiveness stereotype", einer Art Halo-Effekt, bei dem sich positive oder negative Bewertungen eines Merkmals auch in anderen Attributen widerspiegeln.

Was immer Sie von diesen Ergebnissen halten, sie sind auf jeden Fall ein Grund, warum Sie sich um Ihre Stimme kümmern sollten. Insbesondere diejenigen, die häufig professionell und überzeugend sprechen müssen, sollten ein professionelles Stimmtraining in Betracht ziehen.

Bevor Sie sich jetzt vor einen Spiegel stellen und versuchen, besonders tief zu sprechen: Irgendwann wird sich der Effekt umkehren. Wenn Männerstimmen sehr tief oder Frauenstimmen sehr hoch sind, klingen sie für die meisten Ohren nicht mehr angenehm.

Es ist viel besser, wenn der Redner eine tiefe Stimme mit häufigen Tonhöhenschwankungen hat, denn dadurch wirkt er nicht nur kompetent, sondern auch freundlich und enthusiastisch.

PAUSEN RICHTIG SETZEN

In meiner über 30-jährigen Karriere als Rhetoriktrainer habe ich immer wieder zu verstehen versucht, was den guten Redner von einem absoluten Top-Redner unterscheidet. Und ich habe über 30 Jahre benötigt, um den wichtigsten Unterschied kennenzulernen:

die Pause! Genau, dieser Raum zwischen zwei Aussagen eines Redners oder auch am Ende einer Frage, in dem der Redner nicht spricht.

„Reden ist Silber, Schweigen ist ..." Der gezielte Einsatz von Pausen ist eine der Königsdisziplinen in der Rhetorik. Der ausgezeichnete Komödienschreiber Curt Goetz sagte einst dazu: „Eine Gelegenheit, den Mund zu halten, sollte man nie vorübergehen lassen." Über eine Möglichkeit, Pausen richtig zu nutzen, sind Sie gerade schon gestolpert. Sie haben das Sprichwort ganz automatisch mit dem Wort „Gold" ergänzt. Derselbe Mechanismus greift während einer Rede. Wenn Sie als Redner ein Sprichwort nur halb aussprechen, wird es das Publikum für Sie, meist hörbar, vervollständigen. Sinn und Zweck dieser Technik ist es, die Aufmerksamkeit der Zuhörer zu bündeln und eine Verbindung zwischen Ihnen und dem Publikum zu schaffen.

Nicht das Sprechen macht einen Redner zum Top-Redner, sondern das Schweigen. Ein Widerspruch? Nein. Hierzu empfehle ich Ihnen Videos von Barack Obama, einem der Spitzenredner. Obama war in seiner Jugend ein miserabler Redner. Das zumindest sagt einer seiner Autobiografen, Laszlo Trankovits: „Eine andere, weitverbreitete Fehleinschätzung betrifft die rhetorischen Fähigkeiten des großen Kommunikators Obama. Er ist ohne jeden Zweifel ein begnadeter Redner, vor allem auf der Bühne von großen Veranstaltungen ist er ein mitreißender und überzeugender Politiker. Aber das war nicht immer so. ‚Er war mal ein furchtbarer Redner', sagte der Pfarrer Alvin Love aus Chicago in Zeitungsinterviews. ‚Reden hat er erst hier in Chicago gelernt'."[5]

Machen Sie sich einfach den Spaß, geben Sie auf einer Videoplattform im Internet „Obama" ein und hören Sie ihm bei einigen seiner Reden zu. Messen Sie dabei den Zeitraum, den er seinen Pausen schenkt. Sie werden sogar Pausen erleben, die ganze sieben Sekunden oder noch länger dauern. Und das sind nicht nur Applauspausen. Er gibt seinem Inhalt durch die Pause Raum. Das ist die große Kunst, die Top-Redner von guten Rednern unterscheidet.

Bei einer weiteren Variante setzen Sie Pausen entweder unmittelbar vor oder nach Inhalten Ihrer Rede, die Sie hervorheben möchten. Die Dauer hängt vom Wirkungsgrad ab, den Sie beim Publikum erzielen wollen. Je länger die Pause, desto höher der Spannungsbogen. Sie werden beobachten, wie einige ihren Oberkörper unbewusst zu Ihnen neigen oder den Kopf leicht anheben. Das Publikum schenkt Ihnen jetzt seine ungeteilte Aufmerksamkeit. Machen Sie dagegen nach einem Aspekt eine längere Pause, gewinnt er an Dramatik und Wichtigkeit. Sie zwingen die Zuhörer, über Ihr Anliegen nachzudenken. Erst in der Stille entfaltet das Gesagte seine volle Wirkung.

Interessant wird es, wenn Sie Ihren Zuhörern Fragen stellen. Im Falle einer rhetorischen Frage machen Sie eine ganz normale Redepause. Stellen Sie eine Frage, deren Gegenstand philosophischer Natur ist, machen Sie selbstverständlich eine längere Pause. So geben Sie Ihren Zuschauern genügend Zeit zum Verarbeiten und schaffen eine für Ihren Vortrag optimale Dynamik.

Im Grunde ist es wie bei einem Besuch bei einer der wertvollsten Marken der Welt. Wenn Sie einen Apple-Store besuchen, finden Sie dort auch heute noch MP3-Player zum Verkauf vor. Inzwischen gibt es diese bei manchen großflächigen Märkten als Werbegeschenk hinterhergeschmissen, wenn Sie sich einen durchschnittlichen Fernseher kaufen. Diese Dinger sind technisch einwandfrei und haben auch einen relativ großen Speicher. Nur sind sie aufgrund der rasanten Entwicklung von Smartphones nahezu überflüssig geworden. Beim kalifornischen Unternehmen sehen Sie jedoch MP3-Player, die immer noch für wahnsinnig viel Geld verkauft werden. Apple präsentiert sie auf einem hochwertigen Holztisch. Auf einem ganzen Quadratmeter liegt dieses Produkt nur einmal. In Großflächenmärkten finden wir derweil Unmengen von MP3-Playern auf möglichst engem Raum. Sie nennen das Warendruck. Das ist beim kalifornischen Technik-Obst anders. Genau diese Art der Präsentation ist es, die dem Kunden das Gefühl gibt: „Das ist wertvoll!"

Wenn man einem Produkt so viel Raum gibt, muss es einen besonderen Wert haben. Und so ist es auch in der Rhetorik. Die besonders wichtigen Inhalte können Sie mit einer kunstvollen Pause anmoderieren. Dadurch, dass Sie im Anschluss für einen längeren Zeitraum nichts sagen, steigt der Wert des gesprochenen Wortes. Zusätzlich ist jede Pause angenehm für den Zuhörer. Insbesondere bei Schnellrednern. Geben Sie dem Publikum Zeit, das Gehörte sacken zu lassen. Schauen Sie sich Profiredner an, insbesondere die, die über einen längeren Zeitraum viel Geld mit ihren Vorträgen verdienen. Sie werden feststellen, dass diese besonders kunstvoll mit der Pause umgehen.

Auf einige Dinge ist allerdings zu achten. Erstens: Verwenden Sie Pausen nicht inflationär! Beschränken Sie sich bei der Anwendung der Techniken auf die wichtigsten. Quantität ist nicht gleich Qualität! Fragen Sie sich in Ihrer Vorbereitung, ob Sie so auch im Alltag sprechen würden. Wenn Sie beispielsweise nach jedem Satz eine Pause machen, wirkt Ihre Rede schnell unnatürlich. Zweitens kann bei zu langen Pausen aus Spannung schnell Irritation werden. Beachten Sie, dass sich Stille immer länger anfühlt, als sie es tatsächlich ist.

MIT EINER EINLEITUNG FESSELN

Mein eigener Ausbilder und Mentor Rolf H. Ruhleder brachte es auf den Punkt: „Der erste Eindruck ist entscheidend und der letzte Eindruck bleibt." Es gibt zahlreiche Möglichkeiten, wie Sie erfolgreich in einen Vortrag und somit auch in Ihren Clubhouse-Talk einsteigen können. Sie sollten sich an dieser Stelle unbedingt Flexibilität erhalten und insbesondere als Gastredner oder Co-Moderator nicht nur einen Einstieg, sondern mehrere vorbereiten. Warum? Bei einer Vortragsveranstaltung war ich als vierter von fünf Rednern an der Reihe. Wir waren allesamt namhafte Speaker und Bestsellerautoren. Die drei Kollegen vor mir hatten jeweils einen humorvollen Einstieg gewählt. Sie brachten das Publikum zum Lachen. Ein humorvoller Einstieg ist auch mit Abstand derjenige, den ich bevorzugt benutze, weil auf diese Weise gleich eine positive Stimmung im Publikum verbreitet wird.

Aber nach dem dritten humorvollen Einstieg in Folge entschloss ich mich spontan, meinen Beginn provokant zu gestalten. Nach drei Rednern, die humorvoll einstiegen, war die Erwartung des Publikums, dass der nächste Redner es wieder zum Lachen bringt. Es ist grundsätzlich nicht verkehrt, die Erwartungshaltung des Publikums nicht zu enttäuschen. Aber dieser Grundsatz bezieht sich vor allem auf den Inhalt, den ich rüberbringen möchte. Hätte ich mein Publikum begeistern wollen, dann hätte ich gegenüber den anderen noch mal eine Schippe drauflegen müssen. Ich wollte aber keinen Klamauk liefern. Also habe ich die Erwartung des Publikums bewusst gebrochen und die Zuhörer provoziert. Im Verlauf des Vortrags wandelte ich diese Provokation wieder in Humor um. Geblieben ist durch diesen Bruch sicherlich eines: An meinen Einstieg und dadurch an den Vortrag im Ganzen konnte sich das Publikum ganz besonders gut erinnern.

Ich nutze eine Methode, die auch bei guten Werbespots gern angewendet wird. Es wird eine Erwartung geweckt, die an einer bestimmten Stelle wieder gebrochen wird. Durch dieses Spiel mit den Erwartungen bekommt der Clip die volle Aufmerksamkeit der Zuseher. Spielen Sie dieses Spiel auch in Social Audio!

Haben Sie schon etwas Lebenserfahrung und kennen Fernsehen noch aus der Zeit, in der es nur drei Sender gab? Dann können Sie sich sicher noch an diesen Claim und den dazugehörigen Spot erinnern: „Die Geschichte der Menstruation ist eine Geschichte voller Missverständnisse", diesen Werbespot für Tampons, der jahrelang im Fernsehen lief und später von Michael Mittermeier auf so herrliche Art und Weise in seinem Programm „Zapp" auf den Arm genommen wurde. Ich denke, wir alle, die damals Fernsehen geschaut haben, können uns sehr gut an diesen Spot erinnern.

Aber warum eigentlich? Zum einen natürlich dadurch, dass dieser Spot immer und immer wieder und über einen langen Zeitraum hinweg wiederholt wurde. Vor allem aber war es der Weg in den Werbespot, der Einstieg mit einer provokanten Aussage über ein Thema, über das im Grunde genommen nicht gesprochen wird. Ich kann nur erahnen, wie damals – in den frühen 1990er-Jahren – die Gespräche zwischen dem Anbieter des Produkts und der Werbeagentur verlaufen sind. Aber ich kann mir gut vorstellen, dass es lange und viele Gespräche gegeben hat, ob diese Aussage in der Öffentlichkeit getätigt werden kann.

Sicherlich kennen Sie auch diesen berühmten Satz: „You never get a second chance to make your first impression." Für den ersten Eindruck gibt es keine zweite Chance. Es gibt in unserem Leben kaum einen Bereich, auf den diese Aussage besser zutrifft als die Rhetorik. Hier haben Sie die Möglichkeit, innerhalb kürzester Zeit Ihr Thema und Ihre Person an das Publikum zu verkaufen. Das Ziel des Redeeinstiegs ist es, die Aufmerksamkeit des Publikums zu gewinnen. Sie sollen Interesse wecken und Neugierde hervorrufen. Erinnern Sie sich gemeinsam mit mir zurück in Ihre Kindheit. Weihnachten stand vor der Tür und die Eltern waren am Wochenende für längere Zeit ins große Einkaufszentrum gefahren. Natürlich wussten wir Kinder, was unsere Eltern dort gekauft haben, nachdem wir nicht mehr an den Weihnachtsmann geglaubt haben. Unsere Geschenke. Ich kann nicht wissen, wie es bei Ihnen zu Hause war, erzähle aber gern, wie es bei uns zu Hause ablief. Wir Kinder haben jede, wirklich jede Gelegenheit genutzt, um das Haus nach Geschenken abzusuchen. Wir machten uns Gedanken über geeignete Verstecke und durchsuchten diese nach den Geschenken, die am Heiligen Abend unter dem Baum liegen würden. Natürlich war uns bewusst, dass wir uns mit dem

Auffinden der Geschenke die Freude am Weihnachtsfest nehmen würden. Uns war auch klar, dass wir riesigen Ärger bekommen, falls unsere Eltern uns erwischen sollten – die natürlich wussten, dass wir suchen. Trotzdem war die Neugierde ein zu starker Trieb, um ihr zu widerstehen. Dieser Trieb schaltet die Kognition, unseren Verstand, teilweise aus. Es ist nur das Unterbewusstsein, das angesprochen wird.

Dieses Gefühl müssen wir in unserem Publikum wecken. Diese hemmungslose Neugier auf das Thema, und sei es noch so trocken. In einem meiner Trainings sagte ein Steuerberater zu mir: „Ja, ach ... schön – kreative Einstiege. Danke, Herr Ehlers, aber ich habe ein trockenes Thema zu halten, wie so oft, wenn ich über Steuern rede. Ich soll über die Unternehmenssteuerreform reden." So what? Ich fragte ihn, ob er kurz auf den Punkt bringen könnte, worum es in diesem Unternehmensforum ginge. Seine Antwort war: „Wenn man rechtzeitig die richtigen Schritte als Unternehmer einleitet, kann man mit der Unternehmenssteuerreform und den richtigen Schritten Geld sparen."

Es ging um Geld, weswegen wir bei der Konzeption eines spannenden Einstiegs zunächst nach Synonymen dafür suchten: „Schotter, Asche, Kohle. Kohle? Interessant!" Der Einstieg, den ich ihm vorschlug, ging so: „Lieber Unternehmer, schauen Sie mal in Ihren Keller. Ein kleines Häufchen Kohle liegt da unten in der Ecke und es steht ein harter Winter bevor: die harte konjunkturelle Zeit, die in Zukunft kommt. Lassen Sie mich heute Ihr neuer Kohlelieferant sein. Der neue Köhler, der im schwarzen Anzug vorbeikommt und dafür sorgen wird, dass schubkarrenweise die Ressource Kohle in Ihren Keller getragen wird. Keine Frage, dafür müssen Sie etwas tun. Was Sie tun müssen, werde ich Ihnen im folgenden Vortrag erklären."

Dem Publikum wurde eine eingängige Metapher statt trockener Zahlen und Paragrafen geliefert. Er schickte seine Zuhörer mit einem Bild in den Vortrag. Dieser Einstieg kam für das Publikum angesichts des Themas doppelt überraschend.

Wenn es um den Einstieg in einen Vortrag geht, müssen Sie unbedingt den am Anfang genannten Grundsatz beherzigen: Der erste Eindruck ist entscheidend, der letzte Eindruck bleibt!

EXKURS: 6 + 1 EINLEITUNGS- ARTEN, MIT DENEN SIE IHR PUBLIKUM FESSELN WERDEN

1 Erzählen Sie eine Geschichte
Menschen lieben Geschichten, sofern diese gut erzählt werden. Beachten Sie, dass der Einstieg nicht zu lange dauern darf. Fassen Sie sich also kurz. Die Geschichte kann sowohl ein aktuelles oder historisches Ereignis als auch ein persönliches Erlebnis oder eine Anekdote sein.

2 Schaffen Sie einen bildhaften Einstieg
Nichts veranschaulicht Ihr Thema besser als Zusammenhänge und Vergleiche. Diese Methode ist eng mit der vorherigen verknüpft, da sie wunderbar in eine Geschichte eingebaut werden kann. Trotzdem steht die Metapher für sich allein, da sie nicht nur als Einstieg in das Thema, sondern durch den gesamten Vortrag hindurch genutzt werden kann. Kommen Sie während Ihres Vortrags gern immer wieder auf das zu Beginn geschaffene Bild zurück, aber reiten Sie es nicht zu Tode.

3 Präsentieren Sie eine Studie oder Statistik
Fakten bieten sich für den Einstieg dann an, wenn Sie diese vor allem mit der richtigen Grundstimmung verknüpfen. Die Erkenntnisse einer Studie werden oftmals benutzt, um Nachdenklichkeit oder Betroffenheit zu provozieren. Im gleichen Sinne können Sie Definitionen nutzen. Die können Sie wiederum mit einem humorvollen Einstieg ver-

knüpfen: Eine Konferenz ist eine Zusammenkunft, in die viele hineingehen und aus der wenig herauskommt.

4 Starten Sie mit einem Zitat

Dieser Einstieg ist und bleibt ein Klassiker. Ein passendes Zitat oder ein Sinnspruch zeugen von Weitblick und Allgemeinbildung. Der Eindruck der Belesenheit kommt immer noch gut an, sofern Sie Ihre Zielgruppe passend adressieren.

5 (Rhetorische) Frage

Mit einer Frage zu Beginn aktivieren Sie Ihr Publikum. Während Sie in einem Vortrag vor einem Publikum aus Fleisch und Blut eine Frage stellen, die vom Publikum sofort beantwortet werden können sollte, müssen Sie im Clubhouse auf eine rhetorische Frage ausweichen. Diese aktiviert mental genauso, hat aber den Vorteil, dass Sie sie gleich selbst beantworten können.

6 Versprechen Sie einen Mehrwert

Viele Redner – und vor allem viele als Redner getarnte Verkäufer – versprechen mit ihren Vorträgen einen Mehrwert. Machen Sie das ruhig. ABER: Versprechen Sie nichts, was Sie nicht halten können.

7 Der spontane Einstieg

Diese Methode eignet sich vor allem dann, wenn mehrere Vorträge nacheinander stattfinden. Sie können – obwohl Sie etwas anderes vorbereitet haben – spontan auf Ihre Vorredner oder Ereignisse während des Events eingehen. Das Publikum wird Ihre Spontanität würdigen, zeigt sie doch Einfallsreichtum und Esprit. ACHTUNG: Im Clubhouse kommt und geht das Publikum. Beziehen Sie sich also nur auf den Redner direkt vor Ihnen oder zeitnah zurückliegende Ereignisse, sonst weiß das Publikum nicht, wovon Sie reden, und Ihr Einstieg zündet nicht.

VORBEREITUNGSTEXTE AUFBEREITEN

Natürlich ist die freie Rede die hohe Kunst der Rhetorik. Und ein freier, spontaner und flexibler Talk auf Clubhouse macht natürlich den größeren Eindruck, als wenn man Sie in den Pausen gefühlt in Ihren Notizen wühlen „hört". Trotzdem sollten Sie auch Ihre Clubhouse-Talks wie eine wichtige Rede schriftlich vorbereiten. Schließlich ist Ihr Vortrag vielleicht genau das: eine wichtige Rede.
Benutzen Sie immer Ihre eigene Sprache. Fremde Formulierungen klingen selten richtig authentisch. Fertigen Sie sich ein Skript an und machen Sie sich Stichworte in der eigenen Erzählsprache – also so, wie Sie normalerweise sprechen würden. Bleiben Sie authentisch. Konzipieren Sie Ihr Skript idealerweise selbst. Es hilft bei der Vorbereitung und bei der Vermeidung von Blackouts und Versprechern, falls Ihr Ghost Wörter benutzt, die Sie vielleicht gar nicht kennen. Wenn Sie mit einem Schreiber/Texter zusammenarbeiten, sollten Sie bereits mehrfach mit ihm zusammengearbeitet haben.

Keep it simple
Seien Sie nicht zu detailverliebt. Halten Sie Ihre Sätze kurz. Wenn Sie es zu kompliziert machen, fällt es dem Publikum schwer, aktiv zuzuhören. Im schlechtesten Fall verlassen die Leute still und heimlich den Raum. Stellen Sie das Wichtigste an den Satzanfang. So fangen Sie Ihre Zuhörer ein und behalten sie auch. Keep it simple heißt übrigens nicht, dass Sie fachlich bis auf die Nulllinie simplifizieren sollten, insbesondere, wenn es sowieso um Spezialistenthemen geht.

Übung macht den Meister
Üben Sie kurze Inhaltszusammenfassungen. Versuchen Sie, einen Artikel Ihres Lieblings-Nachrichtenportals mit sieben Sätzen zu-

sammenzufassen. Die Fähigkeit, knackig zusammenzufassen, ist eine Kompetenz, die man im Publikum bemerken wird. Sie stärkt Ihre Rolle als Experte.

Mit Zahlen sprachliche Bilder malen
Das Format zwingt Sie, auf sämtliche Hilfsmittel zu verzichten. Clubhouse erlaubt keinerlei visuelle Unterstützung. Keine Sheets, keine Charts. Überlegen Sie sich vorher, wie Sie Zahlenmaterial am attraktivsten präsentieren können. Eine Statistik lässt sich besser und einprägsamer durch passende Storytelling-Elemente erklären. „In meiner Klasse waren damals zwölf Mädchen. Statistisch werden drei von ihnen mindestens einmal in ihrem Leben Opfer von körperlicher oder sexueller Gewalt."

Beherrschen Sie Ihre Texte
Das heißt nicht, dass Sie Ihre Texte auswendig können sollen, Sie sollten sich Ihren vorbereiteten Text aber in kleine, übersichtliche Absätze zerlegen. Ergänzen Sie Zitate mit Stichworten. So können Sie freier formulieren, ohne etwas Wichtiges zu unterschlagen. Hetzen Sie nicht durch Ihre Inhalte, sondern sprechen Sie lieber langsam. Bedenken Sie: Es kann immer wieder zu kleinen Übertragungsaussetzern kommen. „Speed kills" – nämlich die Aufmerksamkeit Ihrer Zuhörer.

SHIT IN SOCIAL AUDIO: KEINE ANGST VOR IDIOTEN – GASTBEITRAG VON DR. FREDERIK HÜMMEKE

Wir hatten damals auf Clubhouse einen Raum geöffnet, das Thema war Erfolg. Ein Thema, das bereits von einem uns – unter anderem für seine unseriösen Praktiken – bekannten „Coach" im Clubhouse besetzt war. Dieser sendete seine fast wie Mitglieder einer Sekte agierenden Jünger in unseren Raum. Als der erste Erfolgsjünger von diesem „wunderbaren und tollen Coach" zu erzählen begann, haben wir uns erst einmal nichts dabei gedacht. Direkt danach kam der Zweite und berichtete von den geistigen Ergüssen, die sein Idol vom Stapel gelassen hatte. Ergüsse, die meiner Meinung nach wie auch aus Sicht der Kollegen, mit denen ich den Raum geöffnet hatte, vollkommener Quatsch waren. Also nahm ich den Beitrag unter Angabe von Quellen und Gründen regelrecht auseinander. Das wiederum gefiel den Anhängern unseres „Kollegen" nicht. Denn damit hatte ich – und die mir zustimmenden Kollegen – quasi Gotteslästerung begangen. Wir hatten ihr Idol kritisiert. Das kam gar nicht gut an! Und diese Sünde wurde direkt bestraft: Ein Troll nach dem anderen kam in den Raum und hob die Hand. Nicht alle waren so gut erkennbar wie der erste, auf seinem Profilbild mit einem Maschinengewehr posierende Zeitgenosse. Genauso bedenklich wie dieses Trollen ist es, wenn selbst ernannte Experten den größten Quatsch erzählen. Nun kann man auf Clubhouse in solchen Fällen mit den Füßen abstimmen und den Raum einfach verlassen. Schwierig wird es, wenn Sie als Eröffner eines Raums oder als Moderator eines Raums gefragt sind, mit diesen Dingen sicher und souverän umzugehen.

Zum Glück ist dieser Fall, auf den wir später noch einmal zu sprechen kommen, ein Extremfall. Das Diskussionsklima auf Clubhouse ist grundsätzlich wertschätzend, viel wertschätzender als auf anderen Social-Media-Plattformen, wo bereits ein unbedachter Post Häme und Shitstorms lostreten kann. Dennoch lauert überall dort, wo viele Menschen zusammenkommen, das Risiko, mit vermeintlichen oder mit echten Idioten konfrontiert zu werden. Da landet man in einem Raum und denkt sich: „Was redet der denn da?" Da hört man zu und merkt, das ist einfach Quatsch, was der oder die da gerade erzählt. „Was für ein Idiot!"

Idiot steht für das I in SHIT und umfasst in meiner Welt die Menschen mit schwierigen Meinungen und Aussagen. Daneben gibt

es schwierige Momente, die von Stress geprägt sind. Es gibt Heuchler, die uns mit Erwartungen konfrontieren, die sie selbst nicht erfüllen. Und es gibt Temperamente, also anstrengende bis schwierige Persönlichkeiten. SHIT eben:
S = Stress – H = Heuchler – I = Idioten – T = Temperamente.
Auf Clubhouse und generell in Social-Audio-Räumen machen uns die Idioten oft am meisten zu schaffen. Aber es gibt auch eine ganze Menge stressige Situationen. Viele dieser Situationen kann man mit dem richtigen Know-how entschärfen oder gleich ganz vermeiden.

SHIT-Prävention – Stressiges vermeiden

Wenn Sie selbst einen Moderatorenstern haben, dann haben Sie schon einmal einen ersten großen Hebel in der Hand, um SHIT-Situationen zu ersticken. Durch die Art, wie Sie moderieren, können Sie einen wichtigen Beitrag dafür leisten, dass Sie und Ihre Zuhörer einen angenehmen Raum genießen können.

Beginnen Sie erstens damit, klar eine sachliche und wertschätzende Art vorzuleben. Die Art, wie Sie den Raum führen, ist zu einem großen Teil verantwortlich für die Raumkultur Ihres Clubhouse-Raumes. Ein freundliches, entspanntes und ruhiges Moderieren, ein entspanntes Fragenstellen, ein ruhiges Einfordern einer Gegenmeinung, damit gut und sachlich diskutiert wird, und viel Wertschätzung für alle Redner – dies alles sind wirksame Möglichkeiten, die Wahrscheinlichkeit von SHIT zu reduzieren. Denn die Zuhörer, die die Hand heben, werden in der Regel den Raum schon ein wenig beobachtet haben. Die Chance ist deshalb groß, dass sie sich an den Stil des Raumes anpassen.

Außerdem ist es zweitens dringend zu empfehlen, sich bei der Auswahl von Co-Moderatoren vor Augen zu führen: Menschen, die gern mal ruppig oder mit einem latent spürbaren Stresslevel moderieren, provozieren dadurch bewusst oder unbewusst schwierige Redebeiträge.

Klare Regeln sind der dritte Aspekt. Wenn Sie einen Zuhörer auf die Bühne holen, dann achten Sie darauf, ihm die Spielregeln zu erläutern, bevor Sie ihm das Wort erteilen. Weisen Sie darauf hin, in welchem Rahmen eine persönliche Vorstellung gewünscht ist oder nicht. Bitten Sie darum, Eigenwerbung oder das Empfehlen anderer Räume und Clubs zu unterlassen. So werden „Werbeblöcke" vermieden und die inhaltlichen Beiträge überwiegen. Weisen Sie darauf hin, dass zu lange Redebeiträge die Dynamik des Raumes stören. Sie können, wenn Sie jemanden auf die Bühne holen, die Person schon vorher darauf hinweisen, welche Art von Beitrag in Ihrem Raum erwünscht ist – vielleicht wollen Sie nur Fragen erlauben oder nur Kommentare zu dem Besprochenen? Oder sind neue Denkanstöße auch okay? Nehmen Sie sich dieses Recht heraus. Oder kündigen Sie an: „Sollte es mal zu lang werden, würde ich Sie freundlich unterbrechen, damit es für alle anderen Zuhörer spannend bleibt."

Stressige Clubhouse-Momente für Moderatoren

Als Moderator haben Sie einige technische Kompetenzen, die Ihnen helfen, Ihren Raum in Ordnung zu halten. Sie können natürlich jemanden einfach „muten", also stumm schalten. Sie können jemanden von der Bühne schicken oder in Extremfällen des Raumes verweisen und das Profil an Clubhouse melden. Doch nicht immer sind das die geeignetsten Methoden. Häufig reicht bereits ein sanftes, kommunikatives Intervenieren. Hier ein paar Szenarien und Beispiele, wie es gehen könnte.

Vielredner bremsen

Viele Menschen haben kein Gefühl dafür, wie lang ein guter Redebeitrag sein darf. Sich kurzzufassen und dennoch etwas zu sagen, ist eine Kunst, die leider wenige Menschen beherrschen. Auf der einen Seite heißt es, gnädig zu sein und etwas Raum zu geben, manche Menschen brauchen eben ein bisschen Zeit, um die richtigen Worte zu finden. Andererseits gilt es aber auch, als Moderator genau hinzuhören, damit Redebeiträge nicht zu lang werden, weil es dann für die Zuhörer schnell einschläfernd oder nervig werden kann. Auch wenn das noch keine typischen SHITuations sind, helfen hier zwei kleine Werkzeuge aus dem Handling-SHIT-Werkzeugkoffer.

Die Namensansprache: Sprechen Sie den Vielredner mit Namen an. Beispielsweise: „Alexander, darf ich dich bitten, kurz zu sagen, was deine Kernbotschaft ist? In Anbetracht der Zeit möchte ich gern schnell zum nächsten Redner."

Mit der wertschätzenden Klärungsunterbrechung unterbrechen Sie das Gegenüber, indem Sie ihn wertschätzen für einen kleinen Aspekt, der gerade von ihm oder ihr genannt wurde, um hier um eine Klärung zu bitten oder eine anzubieten. „Was du gerade Tolles zum Stichwort XY sagtest, finde ich unglaublich wichtig, da muss ich einmal kurz reingehen." Nun können Sie entweder Rückfragen stellen („Hast du das persönlich erlebt?") oder eine eigene Geschichte ergänzen („Da möchte ich kurz einen super passenden Aspekt hinzufügen ...") beziehungsweise ergänzen lassen („Ich weiß, dazu kann der Redner XY was Tolles berichten. XY, würdest du bitte kurz?"). Wenn Sie nun etwas reden und so noch einen weiteren Kollegen einbinden, ist das Gespräch schon weitergelaufen und der Vielredner ausgebremst.

Als etwas strengere Alternative steht Ihnen, wenn Sie wie empfohlen vorher die Regeln erklärt haben, der Regelverweis zur Verfügung: „Wir haben uns hier die Regel gegeben, uns kurzzufassen; darf ich dich daher bitten, zur Kernaussage oder Frage zu kommen?" Das Ergänzen um die Frage baut dem Gegenüber eine weitere Brücke, die er nun nehmen kann, um dann noch kurz auf den Punkt zu kommen.

Werbeblöcke unterbrechen
Im Idealfall haben Sie in den Regeln kurz erklärt, dass Werbung untersagt ist; wenn dem so ist, dann unterbrechen Sie im Falle des Falles den Redenden gern direkt und frontal und erinnern an die Gesprächsregeln: „Das hört sich für mich sehr stark nach

Werbung/Eigenwerbung/Promotion an, die wir hier nicht wünschen. Was wollen Sie noch anderes zum Thema beitragen?" Haben Sie die Regeln nicht erklärt, dann verweisen Sie mittels des Werkzeugs Rollenverweis auf Ihre Moderatorenpflicht, auf die Einhaltung des Themas zu achten: „In meiner Rolle als Moderator muss ich da mal dazwischengehen: Wir driften gerade vom Thema ab, bitte lassen Sie uns weiter dabeibleiben." Fragen Sie dann: „Wollen Sie dazu noch was sagen? Ansonsten kommen wir nun zum nächsten Redner."

Trolle bannen

Machen Sie mit offensichtlichen Trollen bitte kurzen Prozess. Wenn jemand direkt reinredet, komische Geräusche macht, Beleidigungen ausspricht oder irgendetwas anderes tut, das ganz offensichtlich als Störung gedacht ist, werfen sie den Troll raus. Geben Sie diesem danach nicht zu viel Raum, fangen Sie also nicht an, diesen Vorfall zu diskutieren. Denn umso besser hätte das Stören aus Sicht des Trolls funktioniert. Eine kurze Bemerkung genügt: „Oh, da war ein Troll, ich habe den direkt mal blockiert. Weiter geht's ..." Genau so haben wir es übrigens mit den Trollen aus der Geschichte zum Einstieg des Kapitels gemacht. Blockieren und gut.

Achten Sie darauf, dass Sie nicht jemanden, der Hintergrundgeräusche hat, als vermeintlichen Troll rauswerfen. Wenn Sie sich nicht sicher sind, hilft es, erst mal nur stumm zu schalten, auch das können Sie mit dem Drücken auf die Nase und dann auf das Mikro-Symbol. „Sie hatten Hintergrundgeräusche, ich habe Sie stumm geschaltet, bis Sie dran sind." Wenn er dann wieder laut wird, können sie immer noch blocken.

Stressige Social-Audio-Momente für Speaker

Wenn Sie kein Moderator des Raums sind, in dem Sie gerade sprechen dürfen, haben Sie wenig technisches Werkzeug in der Hand. Sie können natürlich jederzeit den Raum leise verlassen. Schöner ist es, wenn Sie auch eine schwierige Situation deutlich und souverän im Griff haben.

Es gilt aber zuerst, dass Sie Ihre Rolle verstehen. Vielredner zu unterbinden, Werbeblöcke zu unterbrechen, das sind die Aufgaben, die mit der Rolle des Moderators einhergehen. Ich empfehle die Verantwortung dort zu belassen, wo sie ist. Vielleicht ist es von einem Moderator gewollt, dass das gerade passiert. Möglicherweise ist ein Werbeblock mit dem Moderator abgestimmt – das ist alles schon vorgekommen. Dann wäre es komisch, wenn Sie sich plötzlich einmischten und das unterbinden wollten. Ein guter Moderator würde Ihnen schnell den Stecker ziehen und Sie befänden sich wieder unter den Zuhörern. Und die Frage ist darüber hinaus: Warum sollten Sie es tun, wenn Sie gar keine Verantwortung haben?

Entsprechend sind die meisten schwierigen Momente für Speaker diejenigen, in welchen man vom Moderator unterbrochen wird oder mit einer heftigen Reaktion – bis hin zum verbalen Angriff – auf den eigenen Wortbeitrag reagiert wird.

Vom Moderator unterbrochen werden

Sie sind, im Vergleich zum Moderator, wie erwähnt in der technisch schwächeren Position. Der Moderator kann Sie stumm schalten oder von der Bühne werfen, das können Sie umgekehrt nicht. Wenn Sie unterbrochen werden, empfiehlt es sich kurz auf den Inhalt der Unterbrechung einzugehen und entweder direkt fortzufahren oder dafür um Erlaubnis zu bitten.

Moderator: „Du schweifst mir gerade etwas zu sehr weit ab."

Sie: „Ich verstehe, dass es abschweifend wirken kann, ich komme gerade zu einem wichtigen Beitrag für den Raum", und nun fahren Sie fort oder fragen: „Ist das okay, wenn ich es eben ausführe?"

Ansonsten können Sie alternativ mit einer entwaffnenden Entschuldigung um Erlaubnis fragen:

Moderator: „Du redest echt viel zu lang!"

Sie: „Tut mir leid, darf ich eben noch auf den Punkt kommen?"

Verbal angegriffen werden
Manchmal führen selbst die harmlosesten und unbedenklichsten Ausführungen dazu, dass jemand aggressiv, bissig oder aufbrausend reagiert. Vielleicht schlägt uns eine unsachliche Bewertung entgegen, wie zum Beispiel: „Was ist das denn jetzt für ein dummer Kommentar gewesen?" Manchmal kommen die verbalen Angriffe aber auch differenzierter und sachlicher – mit einem ergänzenden Seitenhieb: „Ihre Meinung ist doch schon seit 15 Jahren wissenschaftlich widerlegt, alles Quatsch, was Sie da reden."

In solchen Momenten heißt es vor allen Dingen, sich nicht von dem Stress anstecken zu lassen und nicht verbal und unsachlich einen Gegenangriff zu starten. Ein paar kommunikative Mittel können Ihnen hier helfen, auf solche Wortbeiträge zu reagieren.

Mit der Metakommunikation sprechen Sie die Art und den Stil der Kommunikation an. Im ersten Beispiel reagieren Sie zum Beispiel folgendermaßen: „Ich finde es schade, dass Sie, statt sachlich Stellung zu beziehen, mich persönlich angreifen. Das ist nicht im Sinne dieses Raums, wo wir uns kritisch, aber sachlich austauschen wollen." Gegebenenfalls ergänzen Sie nun eine Frage: „Welche konkreten Gegenbeweise oder Gegenargumente haben Sie denn auf der sachlichen Ebene?" Oder Sie leiten an den Moderator weiter und fragen beispielsweise: „Wie kommen wir jetzt wieder in eine sachliche Diskussion?"

Im zweiten Beispiel können Sie von der Beweisforderung Gebrauch machen. Es wird behauptet, Ihr Punkt sei wissenschaftlich widerlegt? „Welche Studien und welche Autoren meinen Sie denn? Und von wann sind die?" Sollten hier wirklich ein oder zwei Studien und Autoren genannt werden, dann fragen Sie weiter: „Und inwiefern sind diese Studien ein sicherer Beweis dafür? Die können schließlich unterschiedlich interpretiert werden!" Nach den Ausführungen, egal wie differenziert diese waren, kommen Sie zu der Schlussfolgerung: „Ich verstehe, dass es mit dieser Studie einige Argumente für Ihre Position gibt, aber das Gleiche gilt für meine Position. Ich denke, so kommen wir nicht weiter. Vielleicht gehen wir einfach zum nächsten Sprecher, oder?" Das Spannende an dieser Technik: Meist kommt es gar nicht dazu, dass der Gegenüber wirklich Beweise und Studien liefern kann. Oft reden diese sich einfach nur raus und das bekommen alle im Raum mit. Wenn Sie jetzt für Ihre Position noch Argumente oder sogar Belege oder Studien anführen können, dann punkten Sie richtig.

All diese Situationen sind stressig, aber dennoch gut handelbar. Richtig anstrengend wird es, wenn wir es mit einem echten Idioten zu tun haben.

Idioten bändigen: Wenn Menschen Quatsch reden
Das Wort Idiot ist aufgrund seiner Vergangenheit für manche belastet – so wie damals meine ich es nicht. Und ich möchte hier dafür plädieren, seinem Zorn und der eigenen Überheblichkeit nicht freien Lauf zu lassen. Das ist gesünder für einen selbst und natürlich für die Diskussionskultur.

Wenn wir wieder mal meinen, es mit einem echten Idioten zu tun zu haben, sollten wir uns fragen, was da los ist. Woher kommt das Selbstbewusstsein des anderen, so offensiv offensichtliche Unwahrheiten – oder nur Meinungen, die unserer diametral gegenüberstehen – zu verbreiten? Wie kommt denn der oder die zu seiner oder ihrer Perspektive?

Es gibt drei Gründe, aus denen heraus wir einige Menschen vielleicht als Idioten empfinden und bezeichnen, bei denen diese Etikettierung aber, wenn wir uns genauer damit befassen, nicht wirklich passt.

- Irrtum
- Perspektive
- Relevanz

Dabei handelt es sich um typische Phänomene, die uns denken lassen, dass wir es mit einem Idioten zu tun haben, weil es auf uns so wirkt. Doch diese Wirkung muss nicht der Wahrheit entsprechen. Ich fasse diese drei Auslöser in meinem Buch „Handling

SHIT" unter dem Sammelbegriff „weiße Triade" zusammen. Der „weißen Triade" steht die „dunkle Triade" gegenüber. Mit Idioten aus der Kategorie „dunkle Triade" haben wir es insbesondere in einer Diskussion viel schwerer.

Die weiße Triade
Irrtum
Jemand hat ganz einfach einen Denk- oder Wahrnehmungsfehler oder unterliegt einem echten Irrtum. Stellen Sie sich vor, Sie präsentieren eine Strategie auf Basis eines Zahlenwerks und haben sich dabei vertippt oder die Formel in Excel hatte einen Fehler. Das mag peinlich sein, ist aber nur ein peinlicher Irrtum. Gleichzeitig können bei Fehlinformation, mangelndem und/oder unvollständigem Wissen oder bei einem unverhältnismäßigen Gewicht zugunsten oder gegen eine Idee oder Sache die abstrusesten Fehlbewertungen entstehen, obwohl derjenige, der die Bewertung vornimmt, intelligent und fit in seinem Themengebiet ist.

Einem Irrtum liegt keine böse Absicht zugrunde. Ein Zahlendreher kann einfach passieren. Manche Irrtümer sind auch in einer Verwechslung von Kausalität und Korrelation begründet. Etwas, das gleichzeitig passiert, korreliert. Etwas, das passiert, weil etwas anderes passiert, ist kausal verknüpft. Aber oft verwechseln wir das gemeinsame Eintreten mit einer kausalen Verbindung: So ist beispielsweise die Mordrate in den USA von 2006 bis 2011 konstant gesunken. Genauso konstant ist parallel dazu die Nutzungsrate des Browsers Internet Explorer gesunken – beides in Kurven visualisiert sieht man direkt: Das ist der gleiche Trend! Trotzdem besteht natürlich keinerlei Zusammenhang zwischen beiden Entwicklungen. Die sinkende Nutzungsrate ist nicht ursächlich für die sinkende Mordrate, sondern beide Entwicklungen sind völlig unabhängig voneinander parallel so geschehen. Die beiden Entwicklungen korrelieren zwar, aber der Zusammenhang ist nicht der, dass die eine Entwicklung die andere verursacht, also ursächlich oder kausal ist.

Einem Irrtum kann man rhetorisch gut begegnen, meist helfen das Fragen nach den Fakten und ein kurzer Check bei Google sowie ein offenes Gespräch darüber.

Perspektive
Manche Themen sehen aus unterschiedlichen Perspektiven betrachtet unterschiedlich aus. Nur weil wir selbst eine Perspektive, Haltung oder Meinung eines anderen nicht nachvollziehen oder unterstützen können, muss das nicht bedeuten, dass der andere zwangsläufig ein Idiot ist. Es kann sein, dass unterschiedliche Perspektiven zu unterschiedlichen, aber dennoch angemessenen Schwerpunkten bei der Bewertung von Fakten führen – wobei sich beide Personen wechselseitig nicht vorstellen können, wie der andere nur zu der Meinung kommen kann.

Sie fahren auf der Landstraße, einspurig, noch fünf Kilometer Überholverbot. Sie dürfen 70 km/h fahren und würden das auch gern, wenn nicht jemand vor Ihnen fahren würde. Mit Strich 50 km/h. Seit mehreren Kilometern. Sie regen sich auf. Was für ein Idiot, will der Sie ärgern? Das macht er doch absichtlich! Und nach langen Kilometern des Aufregens können Sie endlich überholen und sehen: Der Fahrer vor Ihnen hat ein Notrad drauf, darf daher nur 50 km/h fahren und hat zwei Kinder im Auto. Der „Idiot" hatte alles richtig gemacht.

Eine verzerrte Perspektive kann viele Gründe haben. Ein Beispiel ist der sogenannte Verfügbarkeitsfehler. So schätzen beispielsweise Menschen die Todeszahlen aufgrund von Tornados viel höher ein, als sie in der Realität sind. Bei Todesfällen durch Asthma ist es genau umgekehrt. Das liegt daran, dass Tornadotote aufgrund der medialen Berichterstattung und des Sensationsfaktors viel präsenter – sozusagen verfügbarer – sind als medial gesehen langweilige, einzelne Asthmatote. Das kann dazu führen, dass über die nur für wenige Opfer wirkenden Maßnahmen gegen einen Tod im Tornado viel diskutiert wird, über Maßnahmen zur Eindämmung von Asthma jedoch nicht.

Auch persönliche Erfahrungen beeinflussen unsere Perspektive massiv. Sie haben schon in der Schule Mathe geliebt, es fiel Ihnen leicht, Sie konnten es gut und brauchen es nun sogar regelmäßig im Job? Dann werden Sie gar nicht verstehen, wie jemand so negativ über das Fach in der Schule denken kann. Ihre Einstellung zur Massentierhaltung wird eine andere sein, je nachdem, ob Sie mal in einer klassischen Legebatterie standen oder nicht. Oder vielleicht sind Sie Gegner der Massentierhaltung, haben aber auch großes menschliches Leid, beispielsweise als Seenotretter im Mittelmeer, erlebt und das Leid der Tiere tritt deshalb für Sie hinter dem erlebten menschlichen Leid zurück. Deswegen sagen Sie nun, dass Massentierhaltung für Sie kein echtes Problem ist, was für jemand anderen, der dem Thema sein Leben verschrieben hat, unverständlich sein mag.

All das macht einen nicht moralisch besser oder schlechter oder gar zu einem Idioten, es zeigt nur eine andere Perspektive, die zu einer anderen Bewertung führt.

Relevanz
Manchmal gibt es Themen oder Themenschwerpunkte, die uns selbst wichtig sind, dem anderen aber nicht. Entsprechend wundern wir uns, wie lieblos ein Aspekt behandelt wird und wie viel Potenzial dabei verschenkt wird. Denken Sie beispielsweise an aktuelle Diskussionen zum Thema Digitalisierung: Die einen verstehen nicht, wieso das so langsam geht, die anderen sind genervt beim bloßen Gedanken daran, einen Computer hochfahren zu müssen, und wollen ihre E-Mails am liebsten ausgedruckt.

Unsere Persönlichkeit – verstanden als individuelle und relativ konstante Weise des Fühlens, Erlebens und Handelns – hat unter anderem Einfluss darauf, welche Bedeutung wir einem Thema zumessen. Insofern hat die Relevanz eines Themas viel mit der Perspektive zu tun. Wenn Sie sehr offen und eher extrovertiert sind, hat das Thema Partys für Sie vermutlich eine andere Relevanz, als wenn Sie ein Mensch sind, der lieber für sich ist. Entsprechend werden Sie beispielsweise die Themen Lockdown/Ausgangssperren bewerten.

Erst mal ist der andere doof
Einen Idioten dadurch zu definieren, dass er die eigene Meinung nicht teilt oder andere Schwerpunkte setzt, ist sehr bequem – zielführend ist es nicht. Es reproduziert außerdem den Glauben, dass es nahezu nur Idioten auf der Erde gibt. Dies ist eine Sichtweise, die den Betreffenden oft genug selbst wie einen Idioten aussehen lässt. Überhaupt ist die Erkenntnis der weißen Triade eine Warnung auch für uns selbst.

Unsere Selbstwahrnehmung stimmt nämlich oft nicht mit der Fremdwahrnehmung überein. Dann nämlich, wenn uns ein Irrtum passiert oder wir mit einer bestimmten Perspektive auf ein Thema blicken. Wir sind in den Augen der anderen dann ebenso schnell der Idiot, der Typ, der Blödsinn erzählt.

Da man mit unterschiedlichen Blickwinkeln (Perspektive) und Gewichtungen (Relevanz) in einer Diskussion leben muss (denn sie machen eine Diskussion erst möglich), sollte man auf einen Irrtum sachlich hinweisen, ohne den anderen bloßzustellen. Wenn (!) es einem wert ist, dieses Fass aufzumachen – schließlich „versenden" sich in einem Live-Format viele Dinge auch einfach –, kann man beispielsweise eine klassische Ich-Aussage formulieren.

Fragen Sie zunächst: „Wie kommst du zu dieser Ansicht?". Sagt der eine: „Ich habe mir diese Statistik angeguckt", könnten Sie als Ich-Botschaft formulieren: „Ich bin bei meinen Überlegungen auf andere Argumente und Beweise gestoßen. Wollen wir uns die beiden zusammen anschauen und herausfinden, wie sie in unserem Kontext zusammenpassen?" Sie steigen auf diese Art in einen auf Zusammenarbeit zielenden Prozess ein und leiten keinen Angriff ein. Wir sind hier schließlich nicht auf Facebook.

Die dunkle Triade
Meistens zumindest nicht. Manchmal hat man es aber doch mit Menschen zu tun, die sich aus ganz anderen Gründen wie Idioten verhalten. Es sind Menschen, die wir in der „dunklen Triade" verorten können:

Während man Idioten aus den Kategorien der weißen Triade, insbesondere natürlich beim Irrtum, durchaus mit Argumentation und Rhetorik – also mit den klassischen kommunikativen Werkzeugen – vom eigenen Standpunkt überzeugen kann, fällt jedes Gespräch mit den folgenden Vertretern wesentlich schwerer, da sie argumentativ schwer erreichbar sind:

- Ideologen
- Fundamentalisten
- Extremisten

Diese Menschen haben kein Interesse daran, ihre Meinung zu ändern. Manche glauben sogar, dass jeder, der anderer Meinung ist, ein schlechter Mensch sein muss.

Der Ideologe hat eine bestimmte Perspektive und Haltung, aus der heraus er ein Thema betrachtet, aber er verfügt immer noch über eine gewisse Flexibilität. Dennoch ist er ein Gefangener seines Denk- und Bezugsrahmens (=Weltbild) und befindet sich auf einem Meinungsspektrum immer innerhalb eines definierten Bereichs, auch wenn er nicht genau sagen könnte, warum eigentlich. So mag man einfach für Freihandel sein, aber gar nicht wirklich herleiten können, warum das eine gute Idee sein soll. Gleichzeitig ist den Ideologen jedoch klar (und hierin sind Ideologen besonders), dass nur ihre Perspektive, ihre Seite des Meinungsspektrums eine richtige, ‚objektiv vertretbare‘ ist und alle anderen Perspektiven sachlich und meist auch moralisch falsch sein müssen.

Der Fundamentalist glaubt, dass seine Position irrtums- und fehlerfrei und von Grund auf, also fundamental, richtig sei. Damit sind alle anderen Perspektiven per definitionem falsch. Nur so, wie er die Dinge sieht, kann man sie machen. Er ist eine Extremform des Ideologen. Lassen diese noch ein mehr oder weniger enges Meinungsspektrum gelten, hat der Fundamentalist einen Meinungspunkt auf der Skala. Und wer natürlich die einzige richtige Meinung hat, der weiß: Wer sie nicht hat, ist dumm oder vielleicht sogar ein schlechter Mensch.

Menschen, die eine Extremposition einnehmen und bei denen die Komplexität der Umwelt gar nicht mehr vorkommt, sind Extremisten. Oft sind es Ideologen, die im Meinungsspektrum ganz nach außen rutschen. Da die Welt aber komplex ist, sind zugespitzte Aussagen deshalb in der Regel unklug und naiv. Von allen Positionen und Meinungen, die man haben könnte, nehmen die Extremisten eine extreme ein – in ihren Forderungen und ihrer Kommunikation, oft auch im Denken. Je mehr eine Differenzierung und Betrachtung der echten Unüberschaubarkeit und Kompliziertheit der Welt abhandenkommt, umso mehr haben wir es mit Extremismus zu tun. Dann müssen eben ‚alle Ausländer raus'.

Trotzdem Vorsicht: Die vehement vertretenen Positionen müssen nicht immer negativ sein. Ich selbst würde mich beispielsweise als einen extremistischen Fundamentalisten bezeichnen, wenn ich an meine Position gegenüber Menschenrechten und humanistischen Werten denke. Sie ist fundamentalistisch, weil ich nur die Position, dass alle Menschen gleiche Rechte haben sollten, als richtig ansehe. Sie ist extremistisch, weil ich im Meinungsspektrum von „Für jeden andere Rechte" bis hin zu „Gleiche Rechte für alle" genau dieses letzte Extrem vertrete. Und immer wieder erlebe ich bei mir sehr reflexhaft, dass ich das Gefühl bekomme, alle, die gegen gleiche Rechte für alle sind, verhalten sich an dieser Stelle nicht moralisch, denn meine Haltung ist die für mich und meine Wertewelt einzig richtige. Die, die ein in meiner Welt „guter Mensch" haben sollte.

Was also tun?

Schminken Sie sich ab, mit Ihrem kleinen Raum einen Menschen der dunklen Triade bekehren zu können. Konzentrieren Sie sich auf ein anderes Ziel: Sorgen Sie dafür, dass die Meinung für die Zuhörer enttarnt und ein Gegenpol gesetzt wird.

In Social Audio hat man als Moderator natürlich immer die erwähnte Möglichkeit, diese Menschen direkt wieder ins Publikum zu schicken beziehungsweise an Diskussionen mit ihnen gar nicht erst teilzunehmen. Das ist oftmals die ganz praktische und empfehlenswerte Lösung nach dem Motto „Mein Raum, meine Regeln". Sie sind ja nicht gezwungen, sich irgendwelche menschenfeindlichen Positionen anzuhören oder diese unkommentiert zu lassen oder gar auszudiskutieren. Nutzen Sie dafür eine der beschriebenen Methoden, um zu unterbrechen und auf die Regeln hinzuweisen.

Selbst wenn Sie sich entschieden haben, den virtuellen Gesprächsteilnehmer ausreden zu lassen, haben Sie als Moderator den Vorteil des letzten Wortes. Bedanken Sie sich für den Beitrag, senden Sie den Redner ins Publikum und nutzen Sie die Gelegenheit zum Widerspruch und zur Einordnung des Gesagten. Beispielsweise „Danke für Ihren Beitrag. Jedoch muss ich drastisch widersprechen: Ich empfinde das Gesagte als nicht angemessen, es handelt sich um eine seltene und extreme Meinung, die aus meiner Sicht keine logische Grundlage hat und einfach nicht haltbar ist. Ich bitte also, weitere Wortmeldungen in diese Richtung zu unterlassen." Beginnt noch jemand mit einer gleichen Meinung, dann senden Sie diesen ruhig während seiner Rede wieder ins Publikum und verweisen auf die Regeln, bitten formal um Entschuldigung und fahren mit dem nächsten Redner fort.

Haben Sie viele Mitredner, die rhetorisch geschult sind und sich in einem Thema auskennen, dann kann es sein, dass eine Diskussion mit einem Idioten gut dafür sein kann, um den Zuhörern zu zeigen, wie wenig Substanz dahintersteckt. Aber Vorsicht: Dafür müssen Sie und Ihre Mitstreiter das Thema gut kennen und sich die Bälle zuspielen können. Machen Sie es bitte nicht allein und nur, wenn Sie kommunikativ fit genug sind.

In der „dunklen Triade" gebildete Meinungen aufzubrechen ist ein langwieriger Vorgang, der Geduld und gewisse kommunikative Fähigkeiten voraussetzt. Hier müssen Denkmuster langfristig bearbeitet werden und der Weg dorthin sollte idealerweise vom Fachmann gelernt sein. Sowohl Michael als auch ich bieten dazu weiterführende Literatur oder Seminare an. Darin lernen Sie, dass es nicht erwartbar ist, dass Sie einen Extremisten in einem einzigen Clubhouse-Raum bekehren können.

Clubhouse, ein Platz, an dem sich Menschen wohlfühlen wollen, ist sowieso dafür nicht der geeignete Raum. Besonders dann nicht, wenn Sie sich dem Gegenüber nicht gewachsen fühlen. Extremisten haben oft hochkomplexe Erklärungsmuster für vollkommen naive Sachzusammenhänge parat. Teils erleben wir sogar hochgradig differenzierte und elaborierte Argumentationslogiken. Versuchen Sie mal, mit einem überzeugten Anhänger der Flache-Erde-Theorie zu diskutieren. Oder schauen Sie sich an, mit welcher wissenschaftlichen Akribie und Differenziertheit die Forscher in der Nazizeit Begründungen für die Überlegenheit der eigenen Rasse generiert haben, ohne deren Absurdität zu erkennen. Es zeigt wieder den Punkt: Intelligenz schützt nicht davor, dumm zu handeln oder zu denken. Bei solchen Idioten gilt im Zweifel daher: Raus aus meinem Raum.

Wir alle, mich eingeschlossen, sind auch immer mal Idioten der weißen Triade. Aber seien Sie bitte nie ein Idiot der dunklen Triade.

Clubhouse ermöglicht Ihnen, sich zu vernetzen, Ihr Wissen zu erweitern, Ihre Reputation und Autorität auf Ihrem Fachgebiet zu steigern und kreative Ideen und Lösungen für vorgestellte Probleme zu entwickeln.

Hinterfragen Sie sich immer wieder, und sei es nur für sich selbst, bevor Sie andere als Idioten abstempeln. Gehen Sie in ein offenes und gutes Gespräch, bleiben Sie sachlich und freundlich. Fragen Sie nach Begründungen und Belegen und präsentieren Sie Ihre. Dann werden wir im Dialog alle klüger. Sie tun damit sich selbst und Clubhouse etwas Gutes.

4
Social Audio und Business

Wenn wir über Social Audio und Business reden, müssen wir zunächst einen Unterschied klären, nämlich zwischen klassischen Anbietern von Produkten und Dienstleistungen – zu dieser Gruppe zähle beispielsweise ich – und klassischen Content Creators und Influencern – egal, ob auf Clubhouse, Youtube oder Instagram oder auf welchem Portal auch immer. Der entscheidende Unterschied ist, dass für Menschen wie mich (und vielleicht auch für Sie) Clubhouse nur die Eingangstür zum eigentlichen Geschäft ist. Denn das findet anderswo statt, auf der eigenen Website zum Beispiel. Für die andere Gruppe ist Clubhouse beziehungsweise die jeweilige Plattform das eigentliche Geschäft. Beide Gruppen können mit Social Audio Erfolg haben, aber sie stehen natürlich vor unterschiedlichen Herausforderungen.

Den Apps beziehungsweise den Plattformbetreibern ist egal, ob da nun der neunte Immobilienberater im Publikum sitzt. Sie legen viel mehr Wert auf die Content Creators – die sind es nämlich, die das Publikum anziehen. Die Ausnahme ist hier LinkedIn, das sich ausdrücklich als Business-Netzwerk versteht. Im Grunde ist es wie im echten Leben. Die Leute gehen in die Läden, wo die interessanten, die schönen, die außergewöhnlichen Menschen sind. Deshalb ist es auf Clubhouse, LinkedIn und Twitter extrem wichtig, dass Sie – auch als Verkäufer – an erster Stelle mit gutem Content und werthaltiger Kommunikation aufwarten können.

WERBUNG AUF CLUBHOUSE, LINKEDIN UND TWITTER

Ich habe es bereits erwähnt: Versuchen Sie nicht, von der Bühne herab zu verkaufen. Gehen Sie auf Clubhouse, LinkedIn und auf Twitter nicht in einen Marktschreier-Wettbewerb. Jeder zu offensichtliche Marketingversuch wird von der aktuellen User-Struktur abgelehnt. Die Leute kommen, um sich zu unterhalten, zu vernetzen und um zu lernen. Es gibt nicht viele User, die mit der Absicht in einen Social-Audio-Raum kommen, tatsächlich etwas zu kaufen. Das ist fundamental wichtig zu verstehen, und erst, wenn Sie diesen Punkt verinnerlicht haben, können Sie anfangen, etwas anzubieten, wofür andere Leute tatsächlich etwas bezahlen wollen.

Aber seien wir ehrlich: Wir sind alle Vermarkter unserer eigenen Personal Brand. Und Vermarkter sind ständig auf der Suche nach einem Publikum, das einem selbst oder dem eigenen Produkt oder der Dienstleistung Aufmerksamkeit schenkt. Das gehört zu unserem Job.

Wo immer sich Menschen in ausreichender Zahl versammeln, wird deshalb bald ein Vermarkter – oder besser ein Verkäufer – auftauchen. Und das ist aus meiner Sicht auch nicht verwerflich. Ich und Sie vielleicht auch, wir leben von unserer eigenen Arbeit. Wir sind darauf angewiesen, dass Menschen unsere Dienste und Angebote in Anspruch nehmen. Ich persönlich bin sogar davon überzeugt, das, was ich mache, sehr gut zu machen. Über meine Dienstleistungen zu reden ist nichts, wofür ich mich schäme. Ich nehme an und ich hoffe sehr, dass es Ihnen genauso geht.

Social Audio sorgt allein durch das Format dafür, dass sich ein Verkäufer ein bisschen anstrengen muss, um seine Botschaft loszuwerden. Statt Verpackung – von der Profilgestaltung mal abgesehen – zählt nämlich nur der Inhalt. Wo, wenn nicht im Gespräch oder im Vortrag, entlarvt sich schnell ein Blender? Sie sollten also nicht nur in ihrem Thema zu Hause sein, sondern Ihre

Themen oder zumindest Teilbereiche davon sollten unterhaltend oder lehrreich und nach Möglichkeit beides sein. Wenn Ihr Produkt oder Ihre Dienstleistung der einzige Inhalt Ihrer Talks ist, werden Sie schnell allein im Raum oder im Club sein. Was erschwerend hinzukommt, ist die Herausforderung, Ihren Talk auch noch ansprechend gestalten zu müssen. Sie können das interessanteste Thema haben – wenn Sie es nicht schaffen, Ihr Thema angemessen und interessant vorzubringen, dann geht es Ihnen wie diesem einen Lehrer, den wir alle hatten und der es schaffte, bei grundsätzlich jedem Thema eine stärker sedierende Wirkung als jede Einschlafhilfe zu entwickeln.

Taktiken wie Werbung oder das Sponsoring von einflussreichen Rednern, die ich dennoch lieber nicht Influencer nennen möchte, sind entweder keine Option – es ist schlicht nicht möglich, eine Anzeige wie auf Facebook oder Instagram zu kaufen – oder sind in der Regel nicht effektiv.

Social-Audio-Räume sind immer noch ein werbefreies Erlebnis. Es gibt ganz einfach bisher keine implementierten Werbeformate. Clubhouse zum Beispiel folgt damit der Taktik seiner großen Vorläufer. „Sie erlauben keine Werbung. Ich weiß nicht, ob das für immer so bleiben wird, aber wie viele soziale Netzwerke lassen sie (am Anfang) keine Werbung zu, um sich auf das Wachstum konzentrieren zu können", schätzt der namhafte Experte Amir Hirsh, immerhin Gründer und CEO von Audioburst, einer auf künstlicher Intelligenz basierenden Plattform für die Suche und Bereitstellung von Audio.

BRANDED TALKS

Einige findige Unternehmen haben bereits versucht, Anzeigen oder Werbeaktionen in Clubhouse-Räumen zu platzieren, indem sie den Moderatoren für Sponsoring, Produktnennung oder 60-Zeichen-Raumbenennungsrechte Geld bezahlt haben, aber der Erfolg dieser Werbemaßnahmen blieb aus naheliegenden Gründen ziemlich bescheiden. Denn es ist wie beschrieben in dieser App ja nicht ungewöhnlich, dass Leute ein paar Mal pro Session in verschiedenen Räumen ein- und ausgehen. Nicht zuletzt deshalb, weil manche Talks mehrere Stunden dauern. Das ist ja das Schöne, dass man als Zuhörer unsichtbar bleiben kann.

Stellen Sie sich vor, ein Moderator eröffnet einen Raum und sagt sofort: „Das heutige Gespräch wird Ihnen präsentiert von ..." Es spricht einiges gegen diese Art der Präsentation. Nicht jeder, der zum Zeitpunkt X den Raum betritt, hört diese Nachricht. Wenn die Hälfte der Zuhörer erst nach 20 Minuten oder nach einer Stunde auftaucht, hat der Sponsor diese Menschen überhaupt nicht erreicht. Wenn der Raum geschlossen wird, kann sich bei sparsamer Nennung niemand mehr an den Sponsor erinnern. Auf der anderen Seite wird er durch penetrante Sponsorennennung den Zuhörenden richtig auf die Nerven gehen. Nichtsdestotrotz: Es gibt Organisationen und Unternehmen, die bereits auf sogenannte „Branded Talks" setzen, wie beispielsweise die Non-Profit-Organisation Viva con Agua.

Es gibt andere Möglichkeiten, Ihr Business zu promoten. Diese Möglichkeiten müssen aber angepasst sein. Denn was bei Clubhouse am besten funktioniert, ist der über den Content generierte Mehrwert. Unternehmen, die bereits dabei sind, sind beispielsweise Ben & Jerry's, DIE ZEIT, Condor und Snocks.

WERTORIENTIERTE WERBUNG

Als Verkäufer muss man einen Beitrag zur Konversation leisten. Social Audio ist im Grunde nichts als Gespräche. Die Apps sind Orte, an denen Menschen interagieren. Das Publikum möchte sich einen Vortrag zu einem Thema anhören. Teile des Publikums wollen einen eigenen Beitrag dazu leisten. Sie wollen sinnvolle Inhalte hören. Sie müssen also Teil dieser Konversation sein, wenn Sie erfolgreich sein wollen. Konzentrieren Sie sich deshalb auf das, was Sie können oder was Ihr Unternehmen auszeichnet. Ein Unternehmen, zum Beispiel eine Direktvertriebsmarke, kann auf verschiedene Weise einen Mehrwert für die Zuhörer schaffen.

Die erste Möglichkeit besteht darin, einen werthaltigen Beitrag zu Räumen zu leisten, die andere gestartet haben. Denken Sie zum Beispiel an einen Raum, der sich dem Thema Nachhaltigkeit widmet. Als Onlinehändler könnten Sie vielleicht erklären, wie Sie Verpackungen reduzieren oder was Sie tun, um Emissionen zu reduzieren. Wenn diese Kommentare zur Konversation beitragen, wird Ihre Marke Fans und potenziell Kunden gewinnen.

In ähnlicher Weise können Sie als Unternehmer eigene Räume einrichten, um werthaltige Kommunikation zu schaffen.

Stellen Sie sich eine Marke vor, die Kletter- und Outdoor-Equipment verkauft. Als Teil ihres Marketingmix sponsert die Marke mehrere bekannte Kletterer. Das Unternehmen könnte einen Raum eröffnen und diese Sportler vorstellen. Der Inhalt würde sich auf diese prominenten Kletterer konzentrieren, die über ihre Erfahrungen in bestimmten Klettergebieten berichten oder sonstige Abenteuergeschichten erzählen, aber der Kontext bliebe die Marke.

Wenn Sie Makler sind, klären Sie über Compliance-Regeln und rechtliche Konstrukte beim Grundstücksverkauf auf. Sind Sie ein Autohändler, dann laden Sie zu einer Diskussion über das Ende des Verbrenners ein.

Wenn Ihnen partout nichts zu Ihren Produkten oder Dienstleistungen einfallen will, dann überlegen Sie stattdessen, was Sie als Unternehmer oder Unternehmerin oder als Führungskraft in einem Unternehmen zu den folgenden Themen sagen können:

- Leadership
- Teambuilding
- Motivation
- Rhetorik und Kommunikation
- Storys über Erfolge und Niederlagen
- Zeitmanagement

Achtung: LinkedIn ist natürlich voll mit diesen und ähnlichen Inhalten. Mit einem einfachen Vortrag werden Sie dort nicht weit kommen. Und warum sollten Sie auch versuchen, mit LinkedIn-Learning zu konkurrieren? Statt eines Vortrags oder Referats können Sie aber zu einem Erfahrungsaustausch und einer echten Diskussion einladen, gerne auch unter einem aktuellen und sogar provozierenden Gesichtspunkt.

Unternehmen könnten Clubhouse darüber hinaus nutzen, um ihre Follower/Fans von anderen Social-Media-Plattformen in einen Raum einzuladen, wo sie Produkteinführungen oder neue Funktionen für ein kommendes Produkt mit ihren Followern live diskutieren. Laden Sie nur ausgewählt aktive Follower ein und schaffen Sie so FOMO und Exklusivität. Dadurch profitieren Sie außerdem von extrem wertvollem Nutzer-Feedback.

Grundsätzlich geht es bei allen Ansätzen darum, Themen zu wählen, die für Ihre Kunden und potenzielle Kunden relevant sind und die Ihrer Markenvision entsprechen. Ob Gesundheit oder Fitness, ein Nahrungsergänzungsmittel oder Haushalts-Hacks für Studenten von einer Putzmittelmarke – es kann alles relevant sein.

Sie sind beispielsweise Finanzberater. Vielleicht sogar ein guter. Wenn Sie sagen: „Hey, ich bin ein guter Finanzberater!", warum sollte Ihnen das Publikum das glauben? Wenn Sie aber in einer Diskussion mit einem guten Tipp um die Ecke kommen oder eine Frage zu Anlagemöglichkeiten kompetent beantworten können, wenn das Publikum also merkt, da ist jemand, der weiß, was er tut, und diesem Menschen zuzuhören hat einen Wert, dann bauen Sie sich über werthaltige Kommunikation ganz automatisch Reputation auf. Und dann können Sie durchaus mal fallen lassen, wo die Zuhörer eine Liste mit noch mehr guten Tipps von Ihnen bekommen können.

Wichtig ist, dass Sie trotz aller Experimentierfreude ein klares Konzept verfolgen. Social-Audio-Apps sind zwar immer noch ein neuer Kanal für Content Marketing, aber er sollte genauso ernst genommen werden wie die etablierten Kanäle im Mix. Adone Kheirallah, geschäftsführender Partner der Düsseldorfer Agentur Stagg & Friends, sagt dazu: „Haltung zeigen und Know-how ermöglichen, das sollte für jedes Unternehmen und jede Marke absolut selbstverständlich sein. Auf Clubhouse entstehen echte Dialoge zwischen Menschen, und zwar auf Augenhöhe."

Clubhouse und vor allem LinkedIn haben gegenüber „Teenie-Netzwerken" wie Snapchat oder TikTok übrigens einen ganz entscheidenden USP: Viele Social-Audio-Influencer sind älter als die Millennials und die Generation-Z-Kids, die in den meisten anderen sozialen Netzwerken das Sagen haben. Diese Alterszusammensetzung spiegelt sich aus meiner Sicht im allgemeinen Publikum wider – so wie auch die Stars des Podcastings in der Regel älter sind als die Kids, die ihre Popularität in visuelleren Netzwerken aufgebaut haben. Die Nutzer verfügen somit in den meisten Fällen über mehr Geld, das sie ausgeben können. Catherine Connors, vormalige CEO von Disney, hat mit ihren 50 Jahren ein für soziale Medien beinahe biblisches Alter erreicht. Sie moderiert zwei enorm beliebte Talkshows auf Clubhouse, eine über Feminismus und eine über Philosophie. Sie selbst sagt: „Eine spannende Persönlichkeit auf Clubhouse sieht anders aus, als man es von anderen Plattformen kennt." Unabhängig davon, wie sie konkret – also im echten Leben – aussieht: Sie muss jedenfalls nicht unter 30 Jahre alt sein und blaue Haare haben.

Wenn Sie noch ein Indiz benötigen, wie ernsthaft Diskussionen auf dieser Plattform geführt werden: Im März 2021 sorgte Iran für eine kleine Sensation. Außenminister Javad Zarif nutzte die App für eine unangekündigte politische und weit beachtete Diskussion. Zarif diskutierte in seinem Talk sogar seine Schlafenszeit-Routine. Iranische Staatsmedien veröffentlichten Teile des Gesprächs. Ungefähr 8.000 Menschen nahmen an der Diskussion teil. Tatsächlich ging es Zarif, der neben Clubhouse auch Twitter und Instagram intensiv nutzt, vor allem darum, die Diskussion über ein bevorstehendes Abkommen mit China in eine bestimmte Richtung zu lenken.

Dass einige Beobachter befürchten, die iranische Regierung könnte die Plattform für ihre Zwecke ausnutzen, ist sicher nicht zu weit hergeholt. Abgesehen davon beweisen die Geschehnisse aber, wie durchschlagskräftig Clubhouse sein kann, um eine Botschaft zu verbreiten. Wenn Sie die Begriffe Iran + Clubhouse googeln, erhalten Sie über 10.700.000 Einträge.

WAS SIE BRAUCHEN, SIND GUTE, FRISCHE IDEEN

Um sich hervorzuheben, müssen Sie bereits eine gewisse Prominenz mitbringen oder sich durch Ihren Content vom Rest der Masse abheben. Content benötigt Ideen. Was haben Sie zu erzählen, worüber könnten Sie sprechen, worüber nicht bereits zig andere Menschen im Netzwerk einen sehr guten Vortrag gehalten haben? Was können Sie anders machen? Diesen Fragen müssen Sie sich stellen, egal, welchen Kanal Sie am Ende bevorzugen.

Ich weiß, dass das Entwickeln von Ideen, zumal von guten Ideen, nicht leicht ist, schon gar nicht auf Kommando oder wenn man kompletter Einzelkämpfer ist. Das sind aber die wenigsten von uns. Irgendeine Art von Team hat jeder. Und wenn es die Familie ist, die jetzt eben mal mithelfen muss. Als Führungskraft in einem Unternehmen steht Ihnen ganz offiziell ein Team zur Seite – sonst hätten Sie ja nichts, was Sie führen könnten.

Der erste Grundsatz lautet: Binden Sie Ihr Team in die Ideenfindung ein. Niemand kämpft allein!

Vielleicht kommt jemand auf die Idee, sich (und die Kollegen) zu einem Kreativ-Workshop anzumelden. Da lernen Sie Techniken kennen mit tollen Namen: semantische Intuition, Osborn-Checkliste, De Bonos laterales Denken ... Googeln Sie ruhig mal!

Hinterher kennen Sie zumindest ein paar Kreativitätstechniken. Ob Sie danach wirklich kreativ(er) sind, weiß ich nicht.

Ich weiß aber, dass Kreativität bestimmte Voraussetzungen hat. Und wenn Sie auf der Suche nach neuen Ideen sind, dann sollten Sie diese Voraussetzungen kennen.

Kindern muss man ihre Kreativität und ihre Verspieltheit scheinbar möglichst schnell austreiben. Jedenfalls tun wir Erwachsenen sehr viel dafür. Diese sanfte Kritik heißt natürlich nicht, dass Kinder immer gute Ideen hätten. Wer Kinder hat, weiß, dass die oft auf ganz schön dumme Ideen kommen. So was wie „Wasserfall spielen" und den ersten Stock unter Wasser setzen, damit das Wasser irgendwann die Treppen runterfließt. Aber: Sie haben immerhin Ideen. Irgendwann verschwindet das. Und dann fällt es uns schon schwer, uns nur einen lustigen Vers für das Hochzeitsgedicht auszudenken oder eine schwungvolle Einleitung für eine Rede, von der Findung völlig neuer, noch nie realisierter Ideen ganz zu schweigen.

Wo und wann kommen einem solche Ideen? Vor einer Pinnwand mit einem Pappkärtchen in der einen und einem Edding in der anderen Hand? Oder wenn wir entspannt unter einem Baum liegen? Da jedenfalls passierte der Legende nach einer der berühmtesten Geistesblitze: Dem Physiker und Astronomen Isaac Newton fiel ein Apfel auf den Kopf und er „erfand" die Schwerkraft. In Wahrheit inspirierte ihn ein fallender Apfel im Garten seiner Eltern dazu, die Gravitationstheorie aufzustellen. Aber das Bild ist wunderschön. Die Idee trifft einen unvermittelt und überall, nur leider selten in der Firma und schon gar nicht zu einem vorgegebenen Termin.

Um kreativ und innovativ zu sein, benötigen wir im wahrsten Sinne des Wortes „Spielraum". Wenn Sie die Bergquist-Prinzipien leben, werden Sie auch die Kreativität Ihrer Mitarbeiter wachküssen können. Dabei helfen nach Schmid die folgenden Maßnahmen:

Frei-Zeit erlauben

Kreativität braucht Spiel-Raum, Frei-Raum und Frei-Zeit. Ich kann mir nichts Neues ausdenken, wenn ich mein Programm abspulen muss. Wenn die Kunden vor dem Stand stehen, dann gehen sie vor. Ich habe aber Glück: Mein Alter Ego Hein Hansen kann sich morgens beim Stand aufbauen, bei den Routinetätigkeiten ein bisschen was zurechttüdeln, an neuen Sprüchen feilen und solche Sachen. In den meisten Unternehmen gibt es diese freie Zeit nicht. Da soll ja gearbeitet werden.

Google gibt seinen Mitarbeitern einen Tag pro Woche frei, an dem sie an einem frei gewählten Projekt arbeiten können. Google nennt dies das 80/20-Modell. 20 Prozent der Arbeitszeit, also ein Arbeitstag, können für eigene Projekte genutzt werden. Achtung, damit keine Missverständnisse aufkommen: Die Mitarbeiterinnen dürfen natürlich nicht am Projekt Bikinifigur 2023 arbeiten. Die Projekte müssen im Zielgespräch angemeldet sein. Google stellt alle betrieblichen Ressourcen vom Stuhl bis zum Serverzentrum zur Verfügung. Dafür gehören die Entwicklungen am Ende auch Google. Das ist modellhaft genau das, was wir wollen: spielerisch Ideen entwickeln. Millionen Menschen nutzen das, was sich einer in einem freien spielerischen Umfeld ausgedacht hat. Andere Ergebnisse verschwinden sang- und klanglos wieder, aber das ist Google egal: „Scheitern ist Bestandteil unserer Arbeitskultur. Das ist nichts Ehrenrühriges", lautet das Motto. Und so kommt es, dass auch die verrücktesten Ideen die Chance haben, zumindest gedacht zu werden.

Frei-Räume schaffen

Als Ihr Hein Hansen noch ein junger Hüpfer war, hat er sich sein Geld in den Ferien mal in einer Fabrik der ganz alten Schule verdient. Da gab es herrliche „Sozialräume". Weil da viele Muslime gearbeitet haben, gab es zwei, einen für Männer und einen für Frauen, ähnlich wie bei den Toiletten. Aber wenn ich auf dem Klo heimlich eine geraucht habe, fand ich es da viel gemütlicher. Diese

Räume waren etwa 30 Quadratmeter groß, weiße Wände, Neonröhren unter der Decke, Resopaltische und ein paar Stühle, das war's. Diese Räume hätten jedem Verhörzimmer eines zwielichtigen Geheimdienstes alle Ehre gemacht. Ich sage Ihnen nicht, wie die Firma heißt, aber die hat regelmäßig Briefe an Sie geschickt und behauptet, SIE wären einer der wenigen Auserwählten und jetzt hätten SIE und NUR SIE die ganz große Chance.

Ist ja jetzt vorbei. Geredet hat da keiner. Ich einmal. „Guten Morgen", habe ich gesagt. Die haben mich angeguckt, als wenn's donnert. Und gedacht haben sie: „Du armer Spinner wirst es schon noch merken. Von wegen ‚Guten Morgen.'" Das Motto der Firma lautete wohl: Die sollen hier arbeiten und nicht quatschen! Hat auch funktioniert. Das ist ein Extrembeispiel – hoffe ich. Menschen, Mitarbeiter brauchen Räume, um sich auszutauschen. Ich habe Ihnen im Kapitel „Rituale" erzählt, dass sich die Führungskräfte jeden Morgen zu einem kurzen Schnack beim Kaffee getroffen haben. Das war ein informeller Austausch. Und der, das wissen wir aus dem Wissensmanagement, ist wichtig und bewirkt oft mehr als viele Checklisten und protokollierte Meetings. Wenn Menschen miteinander reden, werden Probleme gelöst und Ideen entwickelt.

Wenn man sie zwingt, in Ordnern zu kramen, verschieben sie es lieber auf morgen. Aber dazu braucht es eben neben emotionalem Frei-Raum entsprechende Räumlichkeiten.

Ich habe im letzten Jahr überlegt, mir ein neues Auto zuzulegen, und stellte daraufhin fest, dass auf einmal ziemlich viele Wagen des Modells, das ich im Auge hatte, auf den Straßen unterwegs waren. Sollten etwa, nur weil ich vorhatte, mir dieses Auto zu kaufen, die Anmeldezahlen rapide in die Höhe gegangen sein? Und das, obwohl ich es noch niemandem erzählt hatte? Natürlich nicht. Dahinter steckte ein ganz einfacher Wahrnehmungsmechanismus. Das, was uns interessiert, womit wir uns aktuell beschäftigen, nehmen wir bevorzugt wahr. Sie werden überrascht sein, wie viele Möpse auf einmal durch die Gegend laufen, wenn Ihre Tochter unbedingt einen haben will. Für den spielerischen Verkauf bedeutet das, dass Sie und die Mitarbeiter, die sich mit der Ideenfindung befassen, plötzlich überall Beispiele für spielerische Verkaufsideen entdecken werden. Überlegen Sie sich, was Sie vom Markt der Ideen mitnehmen und für Ihr Unternehmen anpassen können. Lenken Sie außerdem das Bewusstsein Ihrer Mitarbeiter immer wieder auf das gesuchte spielerische Element. Wie wäre es mit dem Post „Heute ist Play Day!" im Intranet?

Ideen sichern

Ideen haben wir und unsere Mitarbeiter viele. Meistens haben wir aber auch gleich die Schere im Kopf, warum eine Idee nicht funktionieren wird: Der und der machen da nie mit. Ist viel zu teuer. Und wenn's nicht klappt, bin ich der Depp ... Wir haben viele solcher Ausreden parat. Die Angst, dass die Idee zum Scheitern verurteilt sein könnte, ist einer der Hauptgründe für das schnelle Ende einer Idee. Richten Sie Ideenklappen ein, Orte, an denen Mitarbeiter ihre Ideen (gezielte Ideen zu einer geplanten Kampagne womöglich, aber auch verrückte Ideen) einreichen oder hinterlassen können. Analog zur Babyklappe also möglichst niedrigschwellig, dann geht am wenigsten verloren. Das kann ein Board im Intranet oder ein echter Briefkasten sein. Bitte hinterlegen Sie keine Ideen-Eintragsformulare im Vorzimmer des Chefs. Wichtig ist außerdem, dass die Vorschläge regelmäßig gesichtet und mit den Mitarbeitern diskutiert werden. Sonst ist die Ideenklappe nichts weiter als die berühmte Rundablage.

Zuhören! Raus! Ausprobieren! Erfolge merken!

Fragen Sie, sprechen Sie mit Menschen. Mit alten Menschen, mit jungen Menschen, mit Kindern und mit erwachsenen Querköpfen. Was fällt dir hierzu ein? Was wünschst du dir, was wäre wirklich toll, wenn es das hier jetzt gäbe?

Auch Ihre Kunden haben vielleicht ein paar Ideen. Verlassen Sie Ihr stilles Denkerkämmerlein und gehen Sie unter Menschen. Den letzten Vorschlag können Sie sogar wörtlich nehmen. Eine ungewöhnliche Meeting-Situation regt ungewöhnliche Ideen an. Bringen Sie Ihre Mitarbeiter, Ihr kreatives Potenzial an einen anderen Ort, in eine neue Umgebung. Nicht umsonst gibt es originelle Tagungsmöglichkeiten auf Burgen oder einem Schiff. Zu teuer? Dann laden Sie Ihre Anzugträger zu einem Arbeitspicknick im Park auf Decken ein. Getränke bringt jeder selbst mit.

Spielerische Ideen haben den Nachteil, dass sie auch mal nicht funktionieren können. Bevor Sie also alles auf eine Karte setzen, weil Sie von Ihrem Blatt überzeugt sind, testen Sie Ihre Ideen vorher. Vielleicht hat Ihre Zielgruppe einen anderen Humor als Sie. Das kommt vor. Ich kriege auf dem Markt auch nicht jeden Kunden mit meinen Sprüchen. Nicht bange sein.

Manchmal klappt es nicht. Testen Sie Ihre Idee am besten vorab an einem ausgewählten Kundenkreis. Ideen und geplante Aktionen lassen sich auch vorab in sozialen Netzwerken vorstellen. Fragen Sie Ihre Kundschaft in einem Post ganz direkt: Finden Sie das gut? Sie werden Feedback bekommen, verlassen Sie sich drauf.

Machen Sie mal einen kleinen Test. Wie viele Erfolgserlebnisse aus den letzten zwölf Monaten fallen Ihnen ein? Fünf Sekunden. Los. Eins, zwei, drei, vier, fünf. Stopp! Und jetzt: Was ist in dem Zeitraum alles schiefgegangen? Fünf Sekunden. Los!

Ich bin sicher, dass es einem großen Teil meiner Leser viel leichter fällt, die Misserfolge aufzuzählen. Ich habe außerdem nach den letzten zwölf Monaten gefragt. Wieso denken Sie jetzt daran, wie Sie in der fünften Klasse in diese Pfütze gefallen sind und die große Dunkelhaarige aus der Parallelklasse Sie so laut ausgelacht hat? Negative Erlebnisse graben sich in unser Gedächtnis ein. Erfolge werden hingenommen. „Ned g'schempfd isch gnug g'lobd", sagt der sparsame Schwabe und spart sich sogar das gelegentliche Auf-die-eigene-Schulter-Klopfen. Schreiben Sie

Erfolge auf. Dabei erleben Sie erstens den Erfolg nochmals und zweitens haben Sie eine Inspirationsquelle, falls der nächste Durchhänger kommt.

Zusammenfassung

Ideenfindung benötigt neben einer offenen Atmosphäre bestimmte Grundvoraussetzungen. Trotzdem ist sie nicht immer leicht. Nützliche Tipps zur Ideenfindung sind nach Schmid:

- Schaffen Sie die räumlichen Gelegenheiten für informellen Austausch.
- Ideenfindung benötigt Zeit. Geben Sie Ihren Mitarbeitern diese Zeit.
- Halten Sie Augen und Ohren offen.
- Adaptieren Sie bestehende Ideen.
- Richten Sie eine niedrigschwellige Ideenklappe ein.
- Nutzen Sie die eingegangenen Ideen.
- Stellen Sie sie zur Diskussion.
- Holen Sie sich Anregungen von betriebsfernen Außenseitern, Kindern, Querdenkern.
- Verlassen Sie mit dem Bürogebäude auch ausgetretene Denkpfade.
- Testen Sie Ihre Spielideen.
- Halten Sie Ihre Erfolge schriftlich fest. Das inspiriert Sie für die Zukunft.

(nach: Virgil Schmid: Spielend verkaufen. München 2013)

NUTZEN SIE AKTUELLE THEMEN

Verbinden Sie sich mit aktuellen Themen. Insbesondere Twitter Spaces leben auch von Aktualität. Das Eröffnen eines Space ist ähnlich unkompliziert wie das Absetzen eines Tweets, aber viel nachhaltiger, wenn Ihr Tweet nicht gerade viral geht. Doch selbst dann: Erinnern Sie sich noch an den letzten Tweet, den Sie gemeinsam mit 15.000 anderen Usern gelikt haben? Vielleicht wissen Sie noch den Inhalt, weil Sie so empört waren oder Tränen gelacht haben. Aber wissen Sie noch, wer diesen Tweet verfasst hat? Wenn Sie aber in einem Space mit jemandem diskutiert haben, ist es sehr viel wahrscheinlicher, dass Sie sich an den Namen erinnern. Vermutlich folgen Sie sich inzwischen auch gegenseitig. Eine Verbindung, die Sie über ein Gespräch hergestellt haben, ist viel intensiver als alles, was Sie bisher auf Social Media kennengelernt haben. An dieser Stelle kommt ein interessanter psychologischer Effekt ins Spiel: der Mere-Exposure-Effekt.

Mit Mere-Exposure-Effekt bezeichnet man in der Psychologie den Befund, dass allein die wiederholte Wahrnehmung einer anfangs neutral beurteilten Sache ihre positivere Bewertung zur Folge hat. Zum Beispiel lässt die Vertrautheit mit einem Menschen diesen attraktiver und sympathischer erscheinen. Sprechen Sie also oft und machen Sie sich einen Namen. Aktuelle Themen bieten dafür eine gute Gelegenheit.

Übrigens lässt sich Aktualität bis zu einem gewissen Grad vorplanen. Erstellen Sie sich dazu eine Art Redaktionsplan, wobei Sie sich zunächst einen Überblick verschaffen, welche Großereignisse in nächster Zeit stattfinden – denken Sie mindestens ein Vierteljahr voraus – und wie Sie sich mit Ihrem Thema an dieses Ereignis „dranhängen" können. Sind Sie Marketingexperte? Dann betrachten Sie das nächste Sportereignis aus diesem Blickwinkel. Sie sind Experte für Nachhaltigkeit? Dann sollte Ihr Fokus darauf liegen, wie nachhaltig die Sportstätten sind, was gut läuft und wie man es besser machen könnte.

Welches Thema könnte aktuell werden und welche politischen Entscheidungen stehen an, die Einfluss auf Ihr Geschäft haben könnten? Die Veröffentlichungen aktueller staatlicher Förderungen liefern ebenfalls immer wieder gute Themen.

Ein Event kann alles sein, was für Ihre Zielgruppe relevant ist. Sie müssen nicht auf die nächste Fußballweltmeisterschaft warten. Welches Branchentreffen findet statt? Nehmen Sie teil? Dann bietet sich an, im Vorfeld etwas zu organisieren und die Möglichkeit zu nutzen, Gesprächstermine für das Event auszumachen. Im Nachgang lässt sich gut darüber reden, was aus Ihrer Sicht gut und was schlecht gelaufen ist.

IN WENIGEN SCHRITTEN ZU EINEM REDAKTIONSPLAN

Ein Redaktionsplan ist nur sinnvoll, wenn Ihr Handeln eingebettet ist in eine Content-Strategie, bei der Sie Marketingziele festlegen und eine Strategie entwickeln, um bessere Ergebnisse für Ihr Unternehmen zu erzielen. Vor allem wenn Sie große Mengen an Inhalten erstellen müssen, beispielsweise für Ihren Blog oder andere soziale Medien, ist es unerlässlich, Ihre Inhalte strategisch zu planen. Glauben Sie mir, die Mühe lohnt sich.

Am Ende spart ein Redaktionsplan nicht nur Zeit, sondern hilft Ihnen auch, bessere Ergebnisse mit Ihren Inhalten zu erzielen. Und er bietet einen weiteren großen Vorteil: Er diszipliniert Sie! Oft ist es so, dass Sie meinen, es wäre an der Zeit, mal wieder auf irgendeiner Plattform aktiv zu werden. Doch dann kommen andere Dinge dazwischen, die im Moment wichtiger erscheinen. Der schlechteste Talk ist aber der, den Sie gar nicht halten.

Ein Redaktionsplan kann Ihnen außerdem dabei helfen, den Überblick zu behalten und sicherzustellen, dass Sie abwechslungsreiche Inhalte veröffentlichen, um verschiedene Gruppen Ihres Zielpublikums zu erreichen.

Fragen Sie sich, welches die drei Felder sind, auf denen Sie idealerweise als Experte wahrgenommen werden. Nun priorisieren Sie diese Felder. Diese Priorisierung spiegelt sich dann in der

Quantität wider, in der Sie über bestimmte Themen sprechen. Sie sind Reitlehrer und wollen als Experte für Westernreiten wahrgenommen werden. Gleichzeitig bieten Sie Wanderritte an und haben ein kleines Geschäft für Sättel. Dann teilen Sie Ihre Ressourcen vielleicht 60/20/20 ein. Wenn Sie meinen, Sie könnten das Sattelgeschäft weiter ausbauen, dann switchen Sie zu einer 60/30/10-Einteilung, also 60 Prozent Westernreiten, 30 Prozent Sättel, 10 Prozent Wanderritte. Es gibt dazu tolle Templates, die Sie einfach downloaden können. Sie können aber auch einfach Excel verwenden. Wenn Sie einen Redaktionsplan ausschließlich für Social Audio nutzen, ist es umso einfacher. Wenn Sie mehrere Kanäle bedienen, dann gehen Sie wie folgt vor:

Legen Sie Marketingziele fest
Wie ich bereits erwähnt habe, besteht der erste Schritt bei der Planung Ihres Kalenders darin, Ihre Marketing- und Geschäftsziele festzulegen. Beginnen Sie mit Ihren Geschäftszielen: Wie kann Content Marketing Ihnen helfen, diese Ziele zu erreichen? Sobald Sie das wissen, können Sie klare Marketingziele formulieren, wie zum Beispiel:

- Mehr Besucher auf Ihre Unternehmenswebsite bringen
- Steigerung der Bekanntheit und Reichweite Ihrer Marke/Ihrer Personal Brand
- Aufbau von Loyalität unter Ihrer Zielgruppe und Ihren Kunden
- Mehr Leads und Konversionen generieren
- Gewinnung neuer Kunden und Steigerung des Umsatzes

Recherchieren Sie mögliche Themen
Um Ihre Inhalte strategischer zu gestalten, müssen Sie Ihre Zielgruppe und die von ihr bevorzugten Inhaltstypen recherchieren. Schauen Sie sich dazu Ihre Analysen an (wenn Sie bereits Content Marketing auf Ihrer Website betreiben) oder verwenden Sie Content-Research-Tools wie Buzzumo und Social Animal, um die besten Themen in Ihrer Nische zu analysieren:

- Welche Arten von Inhalten werden am häufigsten geteilt?
- Welche sind die effektivsten Überschriften?
- Welche Themen sind am beliebtesten?
- Welche Ihrer Inhalte generieren den meisten Traffic/die meisten Leads?

Entwickeln Sie Ideen

Jetzt ist der Zeitpunkt gekommen, um mit der Planung Ihrer Themen zu beginnen. Wenn Sie Teil eines größeren Teams sind, ist ein gemeinsames Brainstorming hilfreich, denn so können Sie Ideen entwickeln, an die Sie anfangs vielleicht nicht gedacht hätten. Wenn Sie Ideen für Headlines und Themen haben, sollten Sie sich, bevor Sie sie in Ihren Kalender eintragen, eine wichtige Frage stellen: Wie wird mir dieser spezielle Inhalt helfen, meine Marketingziele zu erreichen?

Denn wenn es Ihnen nicht hilft, Ihre Ziele zu erreichen, ist es vielleicht besser, diese Idee zu verwerfen und etwas anderes auszuprobieren.

Legen Sie Termine fest

Legen Sie fest, wann Sie zu welchem Thema sprechen wollen. Setzen Sie sich eine Erinnerung eine Woche vorher, dann haben Sie genügend Zeit zur Vorbereitung – selbst wenn Sie sich dann unter Aufbringung von Blut, Schweiß und Tränen am Vorabend des geplanten Talks vorbereiten. Idealerweise schaffen Sie es, eine Veranstaltungsreihe zu etablieren, sodass Ihr potenzieller Kunde sich sagt: „Oh, Mittwoch! Heute um 18:30 Uhr ist wieder Reitstunde!"

Überprüfen Sie kontinuierlich Ihre Ergebnisse und optimieren Sie Ihre Strategie

Kein redaktioneller Kalender sollte in Stein gemeißelt sein. Vielmehr ist es sinnvoll, die Ergebnisse Ihrer Inhalte genau zu überwachen und diese Informationen zu nutzen, um Ihren Kalender und damit Ihre Content-Marketing-Strategie zu optimieren.

Wenn Sie zum Beispiel zu einem bestimmten Thema gesprochen haben und dieser Talk nicht zu mehr Leads geführt hat (was in diesem Beispiel das Hauptziel gewesen wäre), dann ist es wichtig zu verstehen, warum das passiert ist und wie Sie Ihre Strategie und Ihre Inhalte in Zukunft verbessern können.

Überwachen Sie Ihre Ergebnisse konsequent, behalten Sie dabei Ihre Marketingziele im Auge und passen Sie Ihre Strategie und Ihren Kalender entsprechend an.

Content Marketing ist auch für Social Audio zeitaufwendig, aber effektiv, wenn es richtig gemacht wird. Wenn Sie Ihren Redaktionsplan im Voraus erstellen und sich dabei auf Ihre Marketingziele konzentrieren, steigert dies nicht nur Ihre Produktivität und spart Zeit, sondern kann auch Ihren ROI verbessern, da Sie sich ausschließlich auf Inhalte konzentrieren, die zu Ergebnissen führen – und Ihre Strategie im Laufe der Zeit optimieren, was Ihren ROI weiter verbessert.

CONTENT CREATOR ECONOMY

Content is King! Und wer macht Content? Content Creator! Content ist alles, was durch ein Medium ausgedrückt wird, wie Sprache, Schrift, Bilder, Skribbles, Grafiken, Musik ... Content kann über viele verschiedene Medien geliefert werden, darunter das Internet, Kino, Fernsehen, Radio, Smartphones, Audio-CDs, Bücher, E-Books, Zeitschriften und Live-Events wie Reden, Konferenzen und Bühnenaufführungen – und als Teil des Internets eben auch Apps wie Clubhouse und Twitter.

Einem kreativen Creator fällt es vermutlich leicht, Content zu erstellen. Was ihm beziehungsweise dem Künstler – denn in Wahrheit ist er ja genau das – dagegen seit Urzeiten schwerfällt: seinen Content zu verkaufen. Das eigene Talent im Internet zu Geld zu machen, ist ein hartes Geschäft. Aber es ist möglich.

Einer der größten Widersprüche der Creator Economy besteht darin, dass sich die Content Creator/Influencer ein großes Publikum auf bestimmten Social-Media-Plattformen aufbauen, diese Plattformen aber verlassen müssen, um das Publikum in Verdienst umzuwandeln. (Youtube ist hier eine Ausnahme.) Plattformen wie Facebook waren und sind nicht dafür ausgelegt, dass Künstler auf oder mit ihnen Geld verdienen können. Die Leute versuchen deshalb, ihre Fans beispielsweise auf Substack oder zu OnlyFans zu ziehen, wo Fans vielleicht für ein Abonnement bezahlen. Oder – meist zusätzlich – sie lassen als erfolgreiche Influencer keine Gelegenheit aus, ihren Patreon-Account zu bewerben. Twitter Spaces ermöglicht einer kleinen Testgruppe von Usern, Tickets für die Teilnahme an Spaces zu verkaufen. Dazu gehört unter anderem die Eröffnung oder Verknüpfung eines Stripe-Kontos.

Clubhouse ist auch in dieser Beziehung anders. Der Fokus der App lag von Anfang an auf den Erschaffern des Contents. Sie identifizierten sie als Grundlage für den Erfolg des Netzwerks. Clubhouse bot aktiven Influencern deshalb bereits in der Beta-Version Unterstützung, unter anderem mit dem „Creator Pilot Program". Das Programm war allerdings nur für eine kleine Minderheit geöffnet. Allen anderen dient es als Silberstreif am Horizont, dass diese App es ernst damit meint, den Widerspruch der Creator Economy aufzuheben.

Immerhin führte Clubhouse im April 2021 mit „Payments" die erste Monetarisierungsfunktion für Kreative ein. Alle Nutzer können inzwischen Zahlungen senden. Das nützt nur nicht viel, denn die Möglichkeit, Zahlungen zu erhalten, wird erst mal in einer kleinen Fokusgruppe getestet, bevor sie unter Berücksichtigung des Nutzer-Feedbacks in Wellen ausgerollt werden soll.

Um eine Zahlung in Clubhouse zu senden, müssen Nutzer auf das Profil eines Creators tippen, der die entsprechende Funktion bereits aktiviert hat, „Geld senden" wählen und den Betrag eintippen, den sie verschicken möchten. Beim ersten Zahlungsvorgang ist die Registration einer Kredit- oder Debitkarte notwendig.

Wie Clubhouse betont, gehen 100 Prozent der Zahlung an den Empfänger. Der Sender wird zusätzlich mit einer Bearbeitungsgebühr belastet, die der Payment-Dienstleister Stripe in Rechnung stellt. Clubhouse selbst will von diesen Zahlungen nicht profitieren.

Schlechte Nachrichten gibt es weiterhin für einfallslose Unternehmer: Clubhouse hat bisher immer erklärt, nicht über Werbung monetarisieren zu wollen. Das erhoffte Engagement seitens der App-Macher wäre auch nur fair. Denn auf der anderen Seite profitiert die App enorm von ihren – oft prominenten – Influencern und Content Creators. Die amerikanische Schauspielerin Tiffany Haddish war zum Beispiel die erste Person, die auf Clubhouse die 1-Million-Follower-Marke knackte.

Ein anderer Promi-Influencer hat ganz besonders zum Ruhm von Clubhouse beigetragen, Elon Musk. Das Mastermind von Tesla und des Raumfahrtunternehmens SpaceX gab im Januar 2021 sein Audio-Debüt auf Clubhouse und teilte seine Ansichten zu Themen wie Raumfahrt, Kolonien auf dem Mars, Krypto, KI und Covid-19-Impfstoffe. Anschließend interviewte er Vlad Tenev, CEO von Robinhood, über das Wall-Street-Bets-Debakel – Sie erinnern sich: Gamestop! Musks Chat zog mehr als 5.000 Menschen gleichzeitig in einen Raum, womit er den Zuhörerrekord im Clubhouse brach. Einige Zuhörer richteten daraufhin sekundäre Räume auf Clubhouse ein, um noch mehr Menschen die Möglichkeit zu geben, an Musks Kommentaren teilzuhaben. Es gab davon sogar Live-Streams auf Youtube.

Im Nachgang zu diesem Talk erklärte die einflussreiche Tech-News-Website „The Verge" die Clubhouse-App zu dem Medium für Podcasts. Musks Ankunft bei Clubhouse „diente als Bestätigung für das Unternehmen und die Idee des interaktiven Live-Audio-Streamings im Allgemeinen".

Die Nutzerzahlen explodierten. Nun ist Musk als mehrfacher Milliardär allerdings niemand, der auf eine Monetarisierung seines Contents angewiesen wäre, viele andere aber schon. Denn obwohl verschiedene Prominente Clubhouse nutzen und zu dessen Ruhm beitragen, sind die Influencer nicht zwangsläufig prominent. Clubhouse-Influencer sind in der Regel Menschen mit einer charismatischen Persönlichkeit, die Zuhörer anziehen, weil sie interessant sind und ihnen mit gutem Content einen Mehrwert bieten. Sie müssen deshalb nicht unbedingt vorher auf anderen sozialen Plattformen oder in traditionellen Medien berühmt geworden sein. Und sie müssen auch nicht aussehen, wie man sich den klassischen Instagram-Influencer so vorstellt. Es zählt die Persönlichkeit.

COMMUNITY BUILDING

Social-Audio-Apps stellen Ihnen einen exklusiven Rahmen zur Verfügung, in dem Sie mit und für Ihre (potenziellen) Kunden ohne zusätzliche Kosten Veranstaltungen abhalten können. Dieser virtuelle Rahmen lässt sich außerdem ideal mit dem Real Life kombinieren. Während Sie also an einer Keynote teilnehmen oder auf einer Konferenz sprechen, können Sie diese beispielsweise in einen Clubhouse-Raum übertragen und in Echtzeit diskutieren lassen.

Clubhouse und die anderen Kandidaten ermöglichen Ihnen, sich intensiv innerhalb Ihrer Community oder mit Kundengruppen zu vernetzen. Wenn Sie neue Clubhouse-Mitglieder und Follower einladen, können diese auch mit Ihren Netzwerken interagieren. Ihre neuen Clubhouse-Follower springen auf alle anderen Kanäle und Clubs über, in denen Sie aktiv sind, und vice versa. Aufgrund dieses Mechanismus werden Sie Ihren Pool an potenziellen Verkaufs- oder Service-Leads fast automatisch vergrößern. Sie können Ihre Community zu Ihren eigenen virtuellen Events, Konferenzen und Gipfeltreffen einladen. Sie haben dadurch die wertvolle Möglichkeit, mit ihren Kontakten auf eine sehr direkte und ungefilterte Art und Weise zu interagieren und vielleicht Dinge zu lernen, die Sie noch nicht wussten. Mit anderen Worten: Gerade, wenn Sie Produkte und Dienstleistungen anbieten, eröffnet Clubhouse ideale Möglichkeiten des „reverse mentorings" und die Chance, von den Ideen und dem Feedback Ihrer Nutzer zu profitieren.

Social Audio ermöglicht Ihnen außerdem, Teil der Community echter Experten aus zahllosen Bereichen zu werden und von deren Wissen zu profitieren. Stellen Sie sich vor, Sie könnten sich mit einem erfolgreichen Unternehmer darüber unterhalten, wie Sie Ihr Geschäft ausbauen können. Stellen Sie sich vor, Sie könnten einen Tag lang oder zumindest über Stunden mit verschiedenen Experten über Ihre geplante Unternehmensgründung oder Ihre Idee diskutieren. Was wäre Ihnen so ein Mentoring wert? Im Clubhaus und auf LinkedIn ist es jedenfalls kostenlos.

Sie können sich bei Social Audio mit Tech-Giganten, Risikokapitalgebern oder CEOs von multinationalen Konzernen oder CFOs von Milliardenunternehmen treffen und vom Know-how dieser Experten profitieren. Mit etwas Glück können Sie sie fragen, was immer Sie wollen. Und Sie bekommen eine Antwort aus erster Hand. Das allein ist aus meiner Sicht bereits ein großartiger Mehrwert. Darüber hinaus nehmen Sie das Wissen und die Antworten auf die Fragen aller anderen Diskutanten mit nach Hause, um es in Ihrem Unternehmen gewinnbringend einsetzen zu können.

Talks sind ideal dafür geeignet, die Bindung zwischen Ihnen und Ihren Zuhörern zu festigen, sie tatsächlich zu Mitgliedern einer Gemeinschaft zu machen, die spezieller als die Clubhouse- oder LinkedIn-Community ist.

Denn es gibt zwei Möglichkeiten, an einer Veranstaltung teilzunehmen: entweder als Konsument, der erwartet, dass alles bereitgestellt wird und er nur zuhören muss. Oder als Mitgestalter, der die kollektive Erfahrung aktiv gestaltet. Die meisten Veranstaltungen auf der Welt sind darauf ausgelegt, die Teilnehmer als passive Konsumenten zu behandeln, wobei der größte Teil des Programms von einseitigen Keynotes und Panels dominiert wird. Aus Veranstaltersicht ist das einfacher zu organisieren. Allerdings schaffen interaktive Formate wesentlich mehr Wert für die Teilnehmer und verändern die Art, wie Sie über die Veranstaltung denken. Eine Feier, die Sie mitorganisieren oder zu der Sie einen Beitrag leisten – einen Vortrag, ein Partyspiel oder Ähnliches –, wird Ihnen länger im Gedächtnis und mit mehr Emotionen verbunden bleiben als eine Party, die Sie als Gast einfach nur konsumieren.

MARKENAUFBAU

Der Aufbau einer Marke ist vielleicht das im Zusammenhang mit Social Audio meistbesprochene Thema, wenn es darum geht, wie Sie sich oder Ihr Unternehmen schnell nach vorne bringen können. Der Grund: Social Audio ist noch neu und im Gegensatz zu vielen anderen Plattformen ist hier noch Platz für kreative Unternehmer und Unternehmen. Noch kann hier jeder seine Nische finden. Im Gegensatz zu LinkedIn und Twitter benötigen Sie auf Clubhouse auch keine Stamm-Community.

In den letzten Jahren haben wir staunend verfolgt, wie kreative Menschen Plattformen genutzt haben, um Karrieren zu starten, an die weder sie noch wir gedacht haben. Im letzten Abschnitt dieses Buches, wenn ich meine Lieblingsclubs und Räume vorstelle, werden Sie dazu ein paar Beispiele finden. Es passierte auf Youtube, Twitter, Instagram und auf anderen Plattformen. Und das Gleiche könnte auf Clubhouse passieren. Clubhouse ist noch immer neu genug, eine eigene Influencer-Karriere zu starten.

Sie können Lounges, Spieleabende, Storytelling, Talentshows, Sportveranstaltungen, Life-Coaching und vieles mehr veranstalten. Die von mir sehr geschätzte Alexandra Kamp führte beispielsweise zusammen mit dem Poeten Tom Hohlfeld das von ihm geschriebene KÄTZCHENDRAMA als erstes deutsches Clubhouse-Originalhörspiel auf.

Wenn Sie ein Moderator oder eine Rednerin sind, stehen Ihnen endlose Möglichkeiten offen. Aber egal, was Sie tun, es ist entscheidend, dass Sie immer Ihre Marke aufbauen.

Gerade als Einzelunternehmer und Soloselbstständiger können Sie stark von der Social-Audio-Idee profitieren. Denn als Einzelunternehmer bieten Sie zumeist eine Dienstleistung an. Eine Dienstleistung, in der Sie über viele Jahre Expertenwissen angehäuft haben. Genau das ist das Kapital Ihrer Marke. Dabei ist es egal, ob Sie Oldtimer restaurieren, geführte Wanderungen für Kinder anbieten oder Reitlehrer sind.

Als Reitlehrerin beispielsweise bietet Ihnen Social Audio enorme Möglichkeiten, sich selbst zur Marke aufzubauen und Ihre Fähigkeiten zu vermarkten: Sie könnten ein Gespräch in einem Raum führen und mit Ihrem Wissen glänzen, indem Sie Fragen beantworten. Sie können Ihre Erfahrung und Ihr Wissen über Pferde, Beritt, Ernährung, Sattelanpassung (ich bin auf diesem Feld kein Experte) in Ihrer Biografie hervorheben und Links zu Ihren Twitter- und Instagram-Konten einfügen. Von diesen Konten können die Follower dann auf Ihre Website wechseln und Ihre Kurse buchen. Vielleicht sind Sie Gitarrenlehrer? Dann veranstalten Sie ein Konzert. Clubhouse bietet sogar Spatial Audio an. Sie sind Autor von Fach- und Sachbüchern oder schreiben Gedichte für Kinder? Dann veranstalten Sie eine Lesung.

Freebies, die Zuhörer auf Ihre Website und Ihre Produkte und Dienstleistungen aufmerksam machen, sind dabei ein großer Teil Ihres Erfolgs. Natürlich können Sie in dieser virtuellen Umgebung keine Werbefähnchen verteilen. Verschenken Sie also einen Kurs, ein Buch, einen Gutschein für Ihre Dienstleistungen. Mit diesen Geschenken wecken Sie nicht nur das Interesse der Zuhörer, sondern führen Kunden auch direkt auf Ihre Website, wo sie regulär einkaufen können. Wenn Sie (noch) Angst vor diesem Schritt haben und keinen eigenen Raum starten wollen – obwohl in diesem Buch viele Tipps gegen genau diese Angst zu finden sind –, sollten Sie zumindest in entsprechenden Räumen präsent sein und zuhören. Die meisten Vorteile haben Sie natürlich, wenn Sie Gastgeber eines Raumes oder ein Sprecher sind.

Wenn Sie in der Lage sind, eine gute Rede zu halten, das Interesse der Zuhörer zu wecken und eine werthaltige Konversation in Gang zu halten, werden Sie und Ihre Marke davon profitieren. Je größer Ihr Publikum ist, desto größer ist Ihr Bekanntheitsgrad. Der Schlüssel ist, Ihr Wissen frei zu teilen.

SUCHE NACH POTENZIELLEN KANDIDATEN UND UNTERNEHMERN

Ein weiterer nicht zu unterschätzender Vorteil der neuen Kanäle ist, dass sie eine Möglichkeit darstellen, neue Mitarbeiter dort abzuholen und zu finden. Nicht nur Sie können sich von Ihrer besten Seite zeigen, auch andere diskutieren dort über ihr Fachwissen. Sie können dies zum Beispiel für die Personalbeschaffung nutzen. Knüpfen Sie also Kontakte zu potenziellen Bewerbern und öffnen Sie Ihre eigenen Räume mit ihm oder ihr. Aber auch, wenn Sie sich an einen entsprechenden Experten wenden, erhöhen Sie Ihre Sichtbarkeit und Attraktivität für einen Personenkreis, der dann vielleicht von selbst zu Ihnen kommt. Dasselbe gilt für andere Unternehmer: Dies kann zu einer Zusammenarbeit, einer finanziellen Partnerschaft oder einfach zu einem Wissensaustausch führen.

IDEEN- UND INVESTORENSUCHE

Clubhouse, LinkedIn und Twitter sind im Grunde Inkubatoren für Geschäfts- und Investitionsmöglichkeiten. Das liegt vor allem an der Nutzerstruktur und der Kultur des Austauschs, die die Early Adopter – Techies, Unternehmer, Künstler und Entertainer – etabliert haben. Sie haben eine in den sozialen Medien einzigartige Kultur aufgebaut und es geschafft, sie bis heute zu bewahren. Sie schufen eine einmalig kollaborative Kultur, in der sich jeder mit jedem treffen und unterhalten kann.

Neue Ideen können deshalb von überall her kommen. Ein Unternehmer und Autor, Kevin Harrington, ist bekannt dafür, Räume mit Tausenden von Teilnehmern zu veranstalten, die Unternehmern und Gründern zuhören, die ihre Ideen oder Produkte vorstellen. Kommt Ihnen die Idee bekannt vor? Das ist kein Wunder, denn Harrington war einer der ursprünglichen Sharks – also Investoren – in der *ABC*-Fernsehserie „Shark Tank". Am Ende der Diskussionen wurden einige der Unternehmer finanziert, andere gingen mit wertvollem Feedback nach Hause.

Wenn man einen Haufen erfolgreiche Unternehmer zusammenbringt, dann werden sie auch über Geschäfte und das Geschäft reden. Clubhouse ist kein Ort, um Verkaufsgespräche zu führen und Verkäufe zu tätigen. Es ist jedoch ein Ort, an dem die Besten den Aufstrebenden zum Erfolg verhelfen werden. Im Clubhouse erfahren Sie die aktuellen Trends für Investitionen, Start-ups und kreative Ideen.

Apropos kreative Ideen: Ich selbst habe Clubhouse die Idee für eines meiner nächsten Projekte zu verdanken. Die Geschichte, die eine Geschichte von Zufällen und Inspiration ist, geht so:

Ich bin zwar inzwischen in Franken heimisch, aber ich bin ein gebürtiges Nordlicht und im Grunde meines Herzens werde ich das wohl immer bleiben.

Als junger Bursche lebte ich in Hamburg und bin seit dieser Zeit HSV-Fan und Mitglied im besten Verein der Welt. Als Sechsjähriger habe ich als Kapitän meiner E-Jugendmannschaft ein Turnier mit Uwe Seeler angestoßen. So etwas prägt einen Mann. Natürlich ging ich so oft wie möglich ins Volksparkstadion. Stadionsprecher war ein bekannter *NDR2*-Moderator namens Uwe Bahn. Ich mochte ihn als Sprecher, und *NDR2* war außerdem sowieso der Sender, der lief, wenn man nicht zu den Privaten wechselte. Uwe Bahns Stimme hat mich also schon mein Leben lang begleitet, was für mich als „Fischkopf" auch kein Wunder ist, weil er im Norden einfach der beliebteste Radiomoderator ist, der noch aktiv ist.

Als der Clubhouse-Hype losging und man sich dort zunächst ausprobierte, dann eigene Räume moderierte und natürlich auch in die Räume von anderen Nutzern reinhörte, tauchte in meinen Räumen und in den Räumen meiner Hamburger Bekannten immer wieder dieser Uwe Bahn auf. Für mich war das natürlich total spannend und ich habe ihm wie ein echter Fan bei unserem ersten Gespräch gestanden, wie großartig ich das finde, jetzt hier bei Clubhouse den Radiomoderator zu treffen, den ich schon seit meiner Jugendzeit kenne. Auch die gemeinsame HSV-Verbindung war natürlich stark. Dann bin ich in seine Räume gegangen, in denen er einfach nur Musik gespielt hat. Und dort habe ich schnell festgestellt, dass wir offenbar denselben Musikgeschmack pflegen. Genau wie ich steht er auf guten, handgemachten, harten Rock. Ich mag diese Musik nicht nur, sondern spiele sie mit Begeisterung auch selbst. Eine weitere Verbindung ergab sich, als ich ihm erzählte, dass ich seit 16 Jahren ein Musikfestival moderiere: das Sparda-Bank Blues- & Jazzfestival in Bamberg. Das konnte er locker toppen. Er selbst ist bereits beim legendären Wacken Open Air als Moderator aufgetreten, hat die Full Metal Cruise, eine Heavy-Metal-Kreuzfahrt, als Moderator begleitet, ebenso wie jahrelang die Night of the Proms. Ich war beeindruckt. Ich bin nach Hamburg gereist und wir gingen gemeinsam „auf Tour". Es wurde ein großartiger Abend. Uwe lebt auf St. Pauli mit Blick auf das St.-Pauli-Fußballstadion. Auch wenn ich seinen Kiez, den er mir stolz zeigte, schon kannte, ist es natürlich immer etwas anderes, wenn man mit einem Einheimischen unterwegs ist. Wir landeten in einer Bierbar, die bekannt war für ihre große Auswahl belgischer Biere. Denn Uwe steht sehr auf belgische Biere und ich auf Biere generell. Es wurde ein feuchtfröhlicher Abend, der irgendwann in den Morgenstunden auf seinem Balkon endete. Beide hatten wir eine Gitarre in der Hand und „spielten" und „sangen" unsere liebsten Rocksongs. Und wir waren ziemlich betrunken. Am nächsten Tag schlief ich im Hotel sicher bis mittags, um ihn dann mit ziemlich schlechtem Gewissen anzurufen. Ich meinte, wir wären doch ziemlich laut gewesen, ob sich die Nachbarn nicht beschwert hätten? „Nein!", sagte Uwe, „die haben heute gefragt, wie das vierte Lied heißt!" – Uwe hatte auch noch genau meinen Humor. Dieser Abend legte den Grundstein für ein gemeinsames Projekt. Ich möchte noch nicht zu viel verraten, aber wir werden unter anderem gemeinsam ein Buch schreiben, das spätestens 2023 fertig sein und auf den Markt kommen soll. Und es heißt „Rock the Biz!" Die Buchidee und Struktur hatten wir bereits bei einem gemeinsamen Ausflug in das Hard Rock Hotel Tenerife fertig. Ohne Clubhouse hätte es dieses Projekt, auf das ich mich sehr freue, nicht gegeben.

GADGET ÜBER APP

Ein Gadget ist ein technisches Werkzeug mit bisher so nicht bekannter Funktionalität. Und genau diese Funktion erfüllen Social-Audio-Funktionen für bestehende Plattformen. Dort wird sich Social Audio am stärksten durchsetzen.

Als Clubhouse im Januar 2020 startete, fiel das Konzept auf sehr fruchtbaren Boden. Erinnern wir uns zurück. Wir hatten Coronapandemie und Lockdown. Und wir alle – zumindest diejenigen, die keine Virologen sind und nicht im medizinischen Bereich arbeiteten – hatten viel Zeit und das Bedürfnis nach Kommunikation. Neue Wege waren gefragt. Und Clubhouse war da und funktionierte in diesem Moment hervorragend.

Stellen Sie sich vor, Sie steigen für eine Fahrt von Bamberg nach Hamburg in einen Zug und da sitzt jemand, der macht einen sympathischen Eindruck: offene Körpersprache, freundliches Gesicht, man kommt ins Gespräch. Jeder, der regelmäßig Zug fährt, kennt das Phänomen, dass sich da tolle Gespräche ergeben können. Man taucht tief in bestimmte Themengebiete ein, man lernt jemanden kennen. Es wird ein zwangloses und trotzdem tiefgründiges Gespräch. Das Besondere an dieser Art von Gesprächen ist, dass es kein emotionales Gestern gibt. Das heißt, die beiden, die hier miteinander sprechen, haben sich in der Vergangenheit weder wehgetan noch Freude bereitet. Und es gibt wahrscheinlich auch keine Zukunft. Die Zugfahrt ist irgendwann zu Ende und das war's dann. Wenn man in das Gespräch einsteigt, möchte man nichts erreichen. Ziel ist nur das Gespräch. Und gerade diese Ungezwungenheit macht echte Gespräche aus. So war die Situation auch auf Clubhouse. Gerade im Lockdown haben sich dort tolle Gruppen und Gespräche mit enormem Tiefgang entwickelt. Diese Kombination erklärt den großen und inzwischen abgeebbten Hype.

Nach dem Lockdown zogen sich viele User zurück. Manche Räume, wie mein Rhetorik-Raum und andere Expertenräume, zogen nach wie vor eine große Fangemeinde an, aber es gab viele Räume, die Clubhouse einfach nervig gemacht haben, denn jetzt zog „das Business" ein. Das Zwanglose war schlichtweg vorüber. Wer jetzt noch redete, hatte ein ganz klares Ziel. Einige Communitys fingen an, darüber zu lästern: Diese Leute seien alle arbeitslos und allein, deshalb quatschen die dort. Diese emotionale Abgrenzung – vielleicht auch von dem eigenen Bedürfnis nach Kontakt und Nähe, für das man sich jetzt schämte – sorgte dafür, dass die App einen zweifelhaften Ruf bekam und die Nutzerzahlen kontinuierlich sanken.

Andere soziale Netzwerke hingegen, wie etwa Twitter, haben ihre User vor, während und nach dem Lockdown behalten. Twitter hat ziemlich eindeutig definierbare Zielgruppen, beispielsweise Journalisten, die eine Meinung abfragen wollen, denn Twitter ist schnell und ideal für ein kurzes Meinungsbild. Außerdem tummeln sich dort Fachleute aus dem Bereich Börsen und Finanzen, wo es ebenfalls auf Geschwindigkeit ankommt und man über die Hashtag-Technologie schnell Infos mit relevanten Zielgruppen austauschen kann. Social Audio funktioniert mit Twitter Spaces auch auf dieser Plattform, denn es gibt eine Vergangenheit, die gut war und Nutzen lieferte.

Man hat ein Interesse und man hat eine gemeinsame Zukunft, nämlich sich gegenseitig zu unterstützen, beispielsweise einander zu helfen, im Börsenumfeld gute Entscheidungen zu treffen. Um im Bild zu bleiben, reisen in diesem Zug viele Menschen bewusst zu einem gemeinsamen Ziel an – ein bisschen so, wie ein Sonderzug zu einem Bundesligaspiel.

Bei Facebook funktioniert es nicht so gut, ebenfalls aufgrund der Vergangenheit. Speziell in der Coronazeit verkam die Plattform aufgrund des eigenen Algorithmus zu einer Motzplattform. Wer hat schon Lust, mit Leuten, die zu jedem Beitrag ihren negativen Senf dazugeben, in einen Audioraum zu gehen?

Die größten Chancen für Social Audio hat LinkedIn. LinkedIn ist etablierte Businessplattform und soziales Netzwerk zugleich. Ich selbst habe rund 10.000 Nutzer, die mir folgen und, noch viel wichtiger, hohes Engagement zeigen, wenn ich Beiträge poste. Ich habe einen Beitrag unter der Überschrift „ablehnende Haltung" gepostet, in dem ich erkläre, warum ich manche Kunden ablehne. Dieser Beitrag hat über 40.000 Ansichten bei 10.000 Followern. LinkedIn ermöglicht mir, die Zielgruppe anzuschauen, eine Zielgruppe, die zu mir und zu meinen Produkten und Dienstleistungen – also Rhetorikseminare – passt. Dort finden sich Geschäftsführer, Geschäftsstrategen, C-Level- und viele Sales-Persönlichkeiten. Und das ist nahezu eins zu eins die Zielgruppe, die ich in meinen Seminaren habe.

Wenn ich hier also die Räume eröffne, lade ich genau diese Zielgruppe ein und spreche sie an. Dass ich den Talk aufzeichnen und über meinen Podcast zweitverwerten kann, ist zusätzlich ein enormer Nutzen für beide Seiten.

Weil diese sozialen Netzwerke eine Vergangenheit und eine Zukunft haben, ich also gemeinsame Ziele mit den Usern dort habe, gebe ich LinkedIn und Twitter Spaces die größten Chancen für die Zukunft.

Facebook muss da stark an sich und seinen Algorithmen arbeiten, um wieder positiver zu werden, sodass der „Gefällt mir"-Button, die Grundidee von Facebook, wieder den Kern der Kommunikation übernimmt.

WAS NOCH?

Es gibt viele Möglichkeiten, Social Audio zu monetarisieren. Möglichkeiten, an die wir jetzt noch nicht mal denken.

- Werden Sie ein bezahlter Moderator.
- Lassen Sie sich dafür bezahlen, Bios und Profile anderer zu schreiben.
- Werden Sie ein bezahlter Sprecher.
- Werden Sie ein bezahlter Networker – helfen Sie anderen, ihr Netzwerk aufzubauen.
- Werden Sie ein bezahlter Social-Audio-Coach.

Auch wenn Ihnen das alles unwahrscheinlich vorkommt und Sie sich fragen, wer denn „für so was" bezahlt, sollten Sie sich immer vor Augen halten, dass neue soziale Medien stets neue Wege des Erfolgs mit sich brachten. Wer hätte vor Instagram daran geglaubt, dass man mit ein paar schönen Bildern zum Star und prägenden Einfluss einer ganzen Generation werden könnte?

Bleiben Sie mutig und kreativ, so wie die Helden und Heldinnen der nachfolgenden Erfolgsgeschichten.

BEST PRACTICE

Wie die Clubhouse-Show „NYU Girls Roasting Tech Guys" zur Marke wurde

Als es im Februar 2021 losging mit dem Clubhouse-Hype, als die App innerhalb eines Monats über neun Millionen Mal heruntergeladen wurde, starteten acht junge New Yorkerinnen mit einer Dating-Show. Was zunächst als spaßiges Kurzzeitprojekt gedacht war, entwickelte sich – nicht zuletzt, so eine der Clubhouse-Mythen, dank eines technischen Fehlers – zu einem ernst zu nehmenden Business. Inzwischen haben die NYU Girls gerade bei WME, der größten Entertainment-Agentur der USA, gesigned und sind eine absolute Erfolgsstory für Clubhouse. Ihr Club „NYU Girls Roasting Tech Guys" hat über 13.000 Follower. Aber der Reihe nach.

Eine Gruppe von acht ehemaligen NYU-Studierenden hostete am 10. Februar 2021, mitten in der Coronapandemie, ihre Show „Shoot your shot" (auf Deutsch etwa: Nutze deine Chance) zum ersten Mal live.

Leute aus dem Publikum bekommen vom Moderatorenteam in der Show die Chance, sich anderen als potenzielle Dating-Partner oder zumindest platonische Freunde vorzustellen. Die Mitglieder des Teams sind zwischen 22 und 23 Jahre jung, gebildet und zum Großteil weiblich. Und sie nehmen die sich oft ungelenk und nerdig anmutenden NYU-Typen, die sich in der Show vorstellen, gern ein bisschen auf den Arm. Sie zu „roasten", also auf unterhaltsame Art und Weise zu verspotten, gehört zum Konzept.

Laut Businessinsider.com kam es beim ersten Event im Februar zu einer Software-Panne in der App. Der Bug sorgte dafür, dass User aus anderen Räumen in die Live-Session gespült wurden und dort feststeckten. „Plötzlich steckten 800 Leute in unserem Raum fest und mussten uns zuhören", sagte Devin Lewtan vom Gründungsteam gegenüber *Business Insider*. Die nächste Session hatte bereits 4.000 Zuhörer – und diesmal waren alle freiwillig da.

Die Shows finden immer noch jeden Dienstag und Donnerstag ab 22:00 Uhr statt und werden von bis zu 10.000 Leuten besucht, darunter Prominente wie Twitch-Gründer Justin Kann oder *New-York-Times*-Autorin Taylor Lorenz. Es folgten Berichte in der *New York Times*, der *Washington Post* und zahllosen anderen Medien.

Clubhouse-Co-Founder Paul Davidson ist mit seinen über fünf Millionen Followern mittlerweile Teil des Moderatorenteams der NYU Girls. Wenn er auch nicht als Moderator aktiv ist, beweist seine Anwesenheit dennoch das große Interesse, das Clubhouse seinen Stars entgegenbringt: Drei Wochen früher als alle anderen durften die NYU Girls die frisch eingeführte Payment-Option nutzen. Mit ihr können User „Trinkgelder" ohne Abzüge an die Moderatorinnen senden.
Zusätzlich haben die NYU Girls auf ihrer Website shotson.club einen eigenen Chat eingerichtet und auch hier können Direktzahlungen entgegengenommen werden. Zu den Unternehmen, die bereits Shows präsentierten beziehungsweise sponserten, gehören das Pizza-Start-up Slices oder auch CBD-Getränkehersteller Recess.

Die NYU Girls wandeln sich zur Marke, die sie fleißig auf Instagram und Twitter promoten. Natürlich gibt es inzwischen auch das passende Merchandising. Ihr Video von einem Gastauftritt bei den Youtubern von Yes Theory, die vor allem in den USA bekannt sind, wurde Ende April 2021 bereits über 1.300.000 Mal angeklickt. Am 27. April gab schließlich der Hollywoodreporter bekannt, dass die NYU Girls bei WME, der größten Entertainment-Agentur der USA, unterschrieben haben. Derweil arbeiten die Clubhouse-Macher an Ticket-Events mit begrenztem Einlass und Subscription-Modellen auf Basis regelmäßiger Zahlungen. Und die NYU Girls wären als Influencer der ersten Stunde ganz vorne mit dabei.

Plötzlich im Spiegel

Welchen Impact Social Audio inzwischen auch in der klassischen Medienwelt hat, wurde mir und meinen Mitstreitern Ende April 2021 nochmals deutlich vor Augen geführt. Der Clubhouse Talk Rhetorik riss mediale Grenzen ein. Denn tatsächlich haben meine Gäste, allen voran Eva Ullmann, und ich es mit einem auf unserem Talk basierenden Artikel bis in die Onlineausgabe des Leitmediums *Der Spiegel* geschafft: „Wie #allesdichtmachen ein Erfolg hätte werden können".

Nachhören können Sie diesen Talk im Ehlers-Rhetorik-Podcast (Podcast vom 07.05.21)

Von Clubhouse zu Jobhouse

Für Dirk-Oliver Lange (@dirkoliverlange) ist der Launch der Clubhouse-App in Deutschland ein wahres Geschenk. Der Hamburger Keynote Speaker, Buchautor und Mentor für Führungspersönlichkeiten hat die Liebe zur Moderation auf Clubhouse entdeckt.

Als langjähriger Unternehmer ist es nicht bei der Moderation geblieben, sondern er ist auch als Entwickler eigener Formate und im Auftrag von Kunden tätig. Seit dem Start der Clubhouse-App hat er bereits mehrere Hundert erfolgreiche Moderationen durchgeführt. Bei seinen Formaten achtet er stets darauf, einen hohen Mehrwert für Menschen, Unternehmen oder Wirtschaft anzubieten. Bei seinem wochentäglichen Format „Moin Moin Hamburg" mit Sarik Weber, Kerstin Michaelis und Ilka Groenewold moderiert er in hanseatischer Gelassenheit einen Morning Talk mit aktuellen News aus Hamburg und Umland. Die Zuhörer erfahren alles rund um aktuelle Covid-19-Informationen – Allgemeines – Politik – Wirtschaft – Sport – Hamburger Polizei – Soziales Engagement – Veranstaltungsempfehlungen – Clubhouse und vieles mehr.

Ein weiteres erfolgreiches und von ihm entwickeltes Format ist das wochentägliche JOBHOUSE. Zusammen mit Sarik Weber, Susanne Westphal und Jochen Mai vermittelt er dort als erste Jobbörse auf Clubhouse neue berufliche Herausforderungen in der DACH-Region. Ob Gesuche oder Angebote, freie Kapazitäten von Freelancern, Praktika, Berufseinsteiger oder Personalvermittler, alle gestalten das Programm vom JOBHOUSE täglich mit. Für die weiterführende Kommunikation außerhalb der Live-Sendungen gibt es eine JOBHOUSE-Gruppe auf LinkedIn und die Website clubnotes.io/jobhouse.

Besonders stolz ist er auf seine HAMBURGS SONNTAGS-SHOW, ein hanseatischer Frühschoppen live aus der virtuellen Fischauktionshalle. Neben Klönschnack mit interessanten Persönlichkeiten und der Möglichkeit, sich zu vernetzen, präsentiert er auch Musik als Unterstützung von „Künstler ohne Bühne". Er gibt Singern/Songwriter*innen und Pianisten eine Bühne für einen guten Start in den Sonntag seiner Zuhörer*innen. Längst lauschen nicht nur Hamburger*innen seiner Show, sondern zahllose Hamburg-Liebhaber in der grenzenlosen Clubhouse-Welt. Persönlichkeiten wie der Bestsellerautor Lars Amend, die Schauspielerin Alexandra Kamp, der Stiftungsgründer von FLY & Help, Reiner Meutsch, das Multitalent Tine Wittler oder auch die Schauspielerin und Regisseurin Anjorka Strechel waren bereits bei ihm zu Gast. Eine der meistgehörten Stimmen aus dem deutschen TV – Thomas Friebe, der unter anderem bekannt ist aus „Wer wird Millionär?" – hat ihm seine Stimme für das Intro zur Sendung geliehen.

Endnoten

1. https://www.clubhouseglow.com/
2. https://clubhousebio.xyz/
3. Dr. Frederik Hümmeke: Handling SHIT. Kulmbach 2021, S.124 ff.
4. Michael Ehlers: Rhetorik – Die Kunst der Rede im digitalen Zeitalter. Kulmbach 2018, S.104.
5. Laszlo Trankovits: Die Obama-Methode. Frankfurter Allgemeine Buch: Frankfurt a. M. 2010, S. 21.